Vamos a las TAPAS

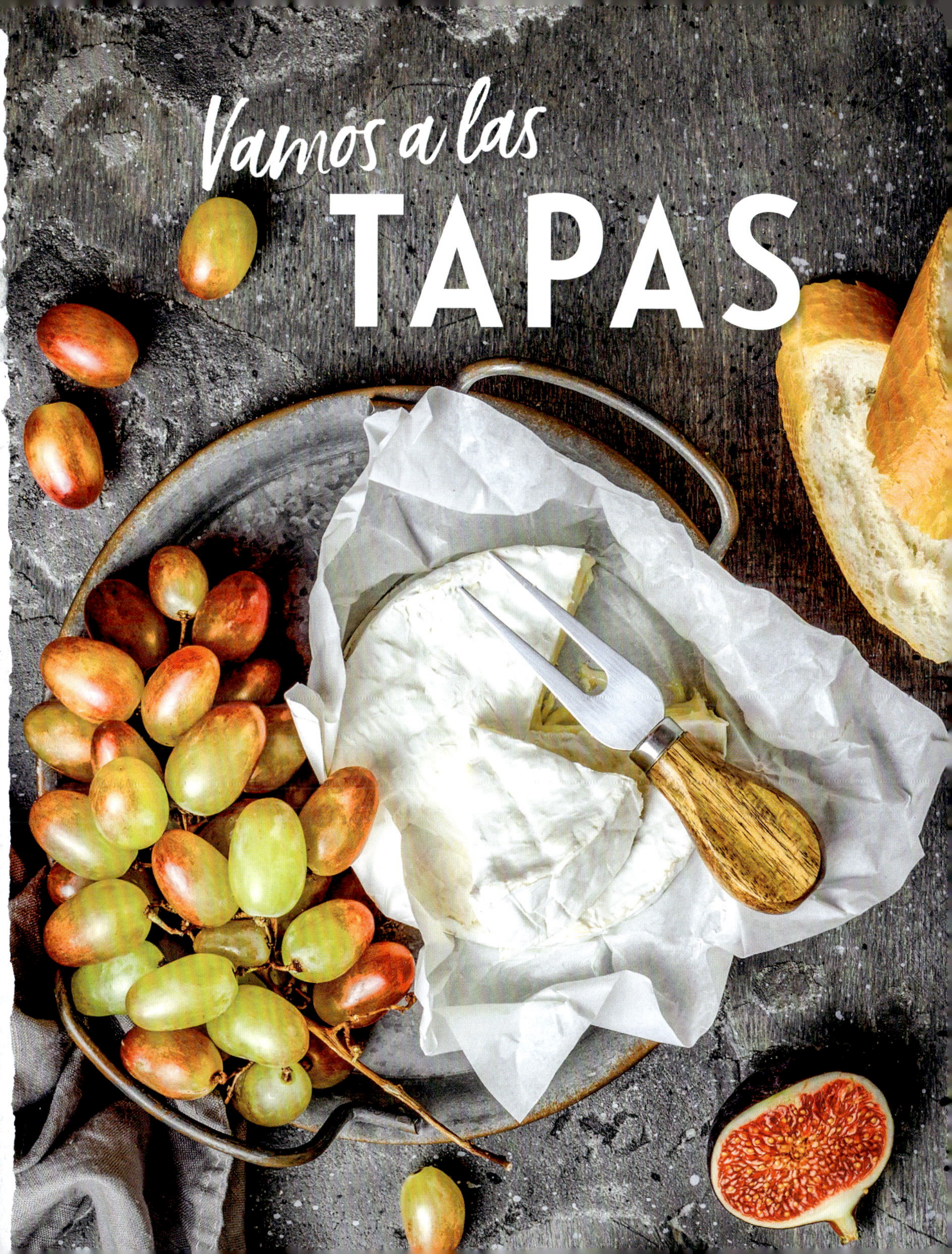

Vamos a las TAPAS

MIT 70 REZEPTEN KÖSTLICH UM DIE WELT

EMF

EIN BUCH DER EDITION MICHAEL FISCHER

Inhalt

Tapas olé!

KLEIN, ABER FEIN

In Spanien wird das Leben gefeiert – selbstverständlich auch beim Essen. Man is(s)t gerne zusammen, und so trifft man sich häufig abends zum „tapeo". Dieses Wort ist eine Kombination aus „tapas" und „paseo", also Tapas und Spaziergang. Man zieht von Bar zu Bar, trinkt ein Gläschen und isst dazu eine Tapa. Dann geht es weiter. Das ist spanische Lebensweise pur!

Bei Tapas kommt alles zusammen auf einen Tisch, jeder bedient sich ungezwungen, gerne auch mit den Händen, und hat die Möglichkeit, von allem gleichzeitig zu probieren. Alle essen gemeinsam und sind an einem Tisch vereint – egal ob Fleisch- oder Fischesser, Vegetarier, Veganer oder Low-Carb-Fan. Für jeden ist gesorgt, jeder bekommt, was er braucht und mag.

Tapas sind heute aus der Lebensweise Spaniens nicht mehr wegzudenken. Aber auch in anderen Ländern spielen kleine Köstlichkeiten eine große Rolle. Egal ob mediterrane Mezze, asiatisches Fingerfood, südamerikanische Häppchen oder ein französisches Amuse-bouche – hier ist für jeden etwas dabei! Dabei müssen Sie sich keinesfalls auf eine Region beschränken, sondern können gerne auch frei durchkombinieren – so kommt Vielfalt zustande, und jeder Gast findet garantiert etwas Passendes für seinen persönlichen Geschmack.

Holen Sie sich mit dem Genuss dieser internationalen Tapas eine große Portion Urlaubsfeeling in die eigenen vier Wände und schlemmen Sie sich mit Freunden und Familie durch die verschiedenen, fernen Kontinente!

Der Ursprung
DER TAPAS-KULTUR

Über die Herkunft der Tapas gibt es unterschiedliche Theorien und Legenden. Eine davon bezieht sich auf die Herkunft des Wortstamms „tapa", was so viel wie Deckel bedeutet und von „tapar" (abdecken) kommt. In den andalusischen Schänken sollen die Gäste Brot- oder Käsescheiben als Deckel für ihre Sherrygläser verwendet haben, um den kostbaren Inhalt vor Fliegen und anderen Insekten zu schützen. Daraus entwickelten sich dann angeblich die kleinen Appetithäppchen.

Eine weitere Legende sagt, dass im 13. Jahrhundert der kastilische König Alfonso X. mehrere Tage im Bett verbrachte, um sich von einer Krankheit zu erholen. Auf Anraten seines Hausarztes trank er Wein und aß dazu nur kleine Häppchen. Weil die Genesung so gut verlief, befahl der König den Wirten, zu Wein immer etwas Kleines zu servieren.

Die dritte Theorie führt schließlich ganz praktische Gründe an: Im heißen Klima will man oftmals nichts Schweres zu einem Getränk essen, sondern nur eine Kleinigkeit. Und so wurde in der Hitze reichlich getrunken und nur eine kleine Mahlzeit gereicht.

Welche Theorie nun richtig ist, man weiß es nicht. Sicher ist auf jeden Fall, dass Tapas ein wesentlicher Bestandteil der spanischen Esskultur geworden und nicht mehr wegzudenken sind. Dafür sind sie einfach zu lecker!

Eine kleine GEBRAUCHSANWEISUNG

Einfache Tapas bekommen Sie theoretisch schon hin, wenn Sie ein paar Oliven mit Zahnstochern zum Aufspießen auf den Tisch stellen und z. B. gebrannte Mandeln und Chips dazu anbieten. Das ist natürlich etwas unspektakulär, verdeutlicht aber das grundlegende Prinzip: Alles, was in kleinen, mundgerechten Portionen serviert werden kann, eignet sich als Tapas – Ihrer Fantasie sind also keine Grenzen gesetzt, und es gibt auch keine festen Regeln, an die Sie sich hier halten müssen.

Sie sollten aber auf jeden Fall die angegebenen Mengenangaben beachten, sodass für alle Gäste genug vorgesorgt ist.

Idealerweise kombiniert man auch ein paar kalte und warme Gerichte, etwas mit Fisch, Fleisch und viel mit Gemüse in Form von Salat oder gegartem und eingelegtem Gemüse. Dazu Dips und Cremes, Saucen und kleine Knabbereien und natürlich Brot, das in vielen Fällen dann auch das Besteck ersetzt.

Noch ein kleiner Tipp zum Schluss: Fangen Sie mit der Vorbereitung der kalten Tapas an, so können Sie diese frühzeitig zubereiten und haben ausreichend Zeit für die warmen Leckereien. Damit vermeiden Sie Stress, und sobald Ihre Gäste eingetroffen sind, kann das gemütliche und gemeinsame Genießen starten!

Spanien

Tortilla DE PATATAS

4–6 PORTIONEN

ZUTATEN

- 800 g festkochende Kartoffeln
- 2 milde weiße Zwiebeln
- Olivenöl zum Braten
- Salz, Pfeffer
- 8 Eier (Größe M)
- 100 ml Milch
- 2 Msp. Chilipulver
- frisch geriebene Muskatnuss
- ½ Bund Petersilie

Die Kartoffeln in kaltem Wasser sauber bürsten und anschließend in ausreichend Wasser ca. 20 Minuten garen, sodass sie gerade gar sind und sich mit einem spitzen Messer gut und tief einstechen lassen. Das Wasser abgießen und die Kartoffeln kurz im Topf ausdampfen lassen, anschließend vollständig auskühlen lassen – das kann man bereits am Vortag tun.

Die Zwiebeln schälen und in dickere Würfel schneiden. Kartoffeln pellen und in 5 mm dicke Scheiben schneiden (sehr große, dicke Kartoffeln möglichst vorher längs vierteln, die Scheiben sollten nicht zu groß sein). 3–4 EL Öl in einer beschichteten Pfanne (24–26 cm Durchmesser) erhitzen und darin die Zwiebeln langsam bei kleiner bis mittlerer Hitze goldbraun braten.

Die Zwiebeln herausnehmen und nochmals Öl in die Pfanne gießen (es sollte ruhig 2–3 mm hoch in der Pfanne stehen). Darin die Kartoffeln langsam bei mittlerer Hitze 10–15 Minuten goldbraun braten, dabei vorsichtig wenden, salzen und pfeffern. Aus der Pfanne nehmen und das überschüssige Öl herausgießen (es sollte nur noch ein wenig in der Pfanne sein).

Inzwischen den Backofen auf 180 °C Ober-/Unterhitze (Umluft 160 °C) vorheizen. Die Eier mit Milch in einer Schüssel verrühren, dabei nicht zu schaumig schlagen. Mit Salz, Pfeffer, Chilipulver und Muskatnuss würzen. Die Petersilie waschen, trocken schütteln, Blättchen abzupfen, fein hacken und mit den Kartoffeln und Zwiebeln unter die Eier-Milch-Mischung rühren.

Tipp

Wer seiner Tortilla nicht mit Chilipulver Schärfe verleihen will, der versucht es vielleicht einmal mit 3–4 Prisen Piménton de la vera – das geräucherte Paprikapulver ist ausgesprochen aromatisch, ohne dabei allzu scharf zu sein.

Die Kartoffel-Eier-Masse in die Pfanne gießen und im heißen Ofen (Mitte) in 20–25 Minuten stocken lassen. Die Ei-Masse sollte dabei richtig fest werden (falls sie noch zu weich ist, weitere 5–8 Minuten garen). Die Pfanne aus dem Ofen nehmen, Tortilla etwas ruhen lassen, dann einen großen Teller oder eine Servierplatte mit der oberen Seite nach unten auf die Tortilla in der Pfanne legen, mit deren Hilfe die Tortilla wenden und so auf den Teller stürzen.

Die Tortilla auskühlen lassen. Zum Servieren in mundgerechte Würfel schneiden oder mit einem Ringausstecher kleine Kreise ausstechen. Mit Holzspießchen werden sie zum Super-Fingerfood!

Gegrillte PAPRIKA

2–4 PORTIONEN

ZUTATEN

- 4 rote Paprikaschoten
- 3 Zweige Thymian
- Salz, Pfeffer
- Olivenöl

Den Backofen auf 250 °C Ober-/Unterhitze (Umluft nicht empfehlenswert) vorheizen. Die Paprikaschoten längs vierteln, putzen, waschen und mit der Hautseite nach oben auf ein mit Backpapier ausgelegtes Blech legen.

Im heißen Ofen (oben) 25–30 Minuten garen, bis die Haut richtig große schwarze Blasen bekommt. Herausnehmen, kurz abkühlen lassen, dann noch warm in einen Gefrierbeutel geben, diesen oben zusammendrehen und die Schoten darin abkühlen lassen. Dieses Vorgehen hilft dabei, dass sich die Schoten anschließend ganz leicht mit einem Messer häuten lassen.

In der Zwischenzeit den Thymian waschen, trocken schütteln, Blättchen abstreifen und fein hacken. Die abgekühlten Schoten häuten und längs in schmale Streifen schneiden, evtl. auf einer Schale auslegen, dann salzen und pfeffern. Thymian darüber streuen und etwas Öl darüber träufeln.

Garnelen AUS DEM BACKOFEN

2–4 PORTIONEN

ZUTATEN

- 250 g geschälte Garnelen
- Salz, Pfeffer
- 1 getrocknete Chilischote
- 4 Knoblauchzehen
- 100 ml Olivenöl

Den Backofen auf 220 °C Ober-/Unterhitze (Umluft 200 °C) vorheizen. Die Garnelen waschen, am Rücken entlang einschneiden und den Darm entfernen. Mit Küchenpapier trocken tupfen und mit Salz und Pfeffer würzen.

Die Chilischote zerbröseln und dabei den Stielansatz entfernen. Den Knoblauch schälen und in Scheiben schneiden.

Die Garnelen in eine Auflaufform oder in zwei ofenfeste Portionsschalen einlegen. Knoblauch und Chili dazugeben und alles großzügig mit Öl begießen.

Die Garnelen im heißen Ofen (Mitte) etwa 10 Minuten garen. Herausnehmen und in der Form servieren. Tunken Sie die Sauce mit frischem Weißbrot aus.

Gebratene Pimientos

2–4 PORTIONEN

ZUTATEN

- 600 g Pimientos de Padrón (siehe Tipp)
- 2 Knoblauchzehen
- Olivenöl zum Braten
- Meersalz
- Pfeffer

Die Pimientos waschen und gut trocken tupfen. Den Knoblauch schälen und in dickere Scheiben schneiden. Dann reichlich Olivenöl in einer Pfanne erhitzen, die Pimientos hineingeben und bei großer Hitze rundum braten, dabei die Schoten mit einem Holzlöffel nach einiger Zeit wenden und immer wieder leicht zusammendrücken, damit sie gleichmäßig und gut bräunen. Die Schoten sollten braune Blasen bekommen und merkbar weich werden.

Nach dem ersten „Wendegang" den Knoblauch zugeben und mitbraten. Die fertigen Schoten mit etwas gröberem Meersalz und Pfeffer würzen und abkühlen lassen, die Knoblauchzehen entfernen.

Orangen-Safran-Aioli

2–4 PORTIONEN

ZUTATEN

- 1 mehligkochende Kartoffel (ca. 120 g)
- 1 Bio-Orange
- 0,1 g Safranfäden
- 1 Knoblauchzehe
- 1 frisches Ei (Größe M)
- 1 EL Sherryessig
- 150–180 ml Sonnenblumenöl
- 200 g griechischer Joghurt (10 % Fett)
- Salz, Pfeffer
- Zucker
- 2–3 Msp. Chilipulver

Die Kartoffel putzen, waschen und anschließend mit der Schale in kochendem Wasser ca. 25 Minuten garen. Dann das Wasser abgießen und die Kartoffel im heißen Topf ausdampfen lassen. Etwas abkühlen lassen, noch lauwarm pellen und anschließend mit einer Gabel in Stücke teilen. Diese durch ein feines

Tipp

Die kleinen grünen Paprikaschoten aus Spanien sind in der Regel mild, ab und zu versteckt sich jedoch ein etwas schärferes Exemplar unter ihnen – was die Spanier als Überraschung lieben. Die hierzulande angebotenen Schoten sind dagegen durchgängig mild. Man brät und isst sie im Ganzen und nimmt den Stiel als praktischen Griff.

Sieb streichen, dann auskühlen lassen. Die Orange heiß waschen, abtrocknen, Schale fein abreiben und den Saft auspressen. 4 EL Orangensaft in einem Topf erhitzen und Safran unterrühren, dann abkühlen lassen. Knoblauch schälen und in ein hohes Mixgefäß pressen. Das Ei mit 2 EL Orangensaft und Essig dazugeben und 150 ml Öl daraufgießen.

Mit einem Stabmixer pürieren und dabei den Stab immer wieder langsam von unten nach oben ziehen, bis eine cremige Mayonnaise entstanden ist. Falls nötig, noch etwas mehr Öl untermixen und Kartoffelschnee, Joghurt und Safran-Orangensaft-Mischung unterrühren. Mit Salz, Pfeffer, 1 Prise Zucker, Chilipulver und Orangensaft abschmecken.

Ofenkartoffeln MIT MOJO VERDE

2–4 PORTIONEN

ZUTATEN

- » 500 g kleine festkochende Kartoffeln
- » 100 ml Olivenöl
- » Salz, Pfeffer
- » ½ TL getrockneter Thymian
- » 1 Jalapeño
- » ½ kleines Bund Petersilie
- » 5 Knoblauchzehen
- » 1 EL grob zerriebenes Weißbrot (alternativ gemahlene Mandeln)
- » 2 EL Rotweinessig

Den Backofen auf 200 °C Ober-/Unterhitze (Umluft 180 °C) vorheizen und ein Backblech mit Backpapier auslegen.

Die Kartoffeln putzen, waschen, trockenreiben, halbieren und mit den Schnittflächen nach oben auf das Backblech legen. Die Schnittflächen mit Olivenöl bestreichen und mit Salz, Pfeffer und Thymian würzen. Im heißen Ofen (Mitte) etwa 30 Minuten knusprig garen.

Inzwischen die Jalapeño waschen, halbieren, entkernen und klein schneiden. Die Petersilie waschen, trocken schütteln und die Blättchen abzupfen. Knoblauch schälen und halbieren. Chili, Petersilie, Knoblauch, Brotbrösel und Essig in einen Standmixer geben und pürieren. Restliches Öl unterrühren, sodass eine homogene Creme entsteht. Dann salzen, pfeffern und in zwei Schälchen füllen. Dazu die Kartoffeln servieren.

Tipp

Mojo rojo bzw. verde – eine rote scharfe oder eine mildere grüne Sauce – wird auf den Kanarischen Inseln zu „Papas arrugadas“ (also Runzelkartoffeln) serviert. Dazu werden die rohen Kartoffeln mit viel Salz im Topf in wenig Wasser gegart. Wenn das Wasser verdampft ist, sehen die Kartoffeln runzelig aus und sind mit einer feinen Salzschicht überzogen.

SPANIEN

Pastel DE NATA

12 STÜCK

ZUTATEN

- 1 Packung Blätterteig (270 g; Kühlregal; 42 x 24 cm)
- 1 Vanilleschote
- 250 g Schlagsahne
- 250 ml Milch
- 1 Pck. Puddingpulver (für 500 ml Milch)
- 2 Eigelb (Größe M)
- 50 g Zucker
- 1 Msp. gemahlener Zimt

Den Teig aus dem Kühlschrank nehmen und in der Verpackung ruhen lassen. Die Vanilleschote längs aufschneiden und das Mark herauskratzen. Die Sahne mit 200 ml Milch und dem Vanillemark in einem Topf zum Kochen bringen. Währenddessen das Puddingpulver mit der restlichen Milch, den Eigelben, Zucker und Zimt glattrühren. Den Topf vom Herd ziehen, das angerührte Puddingpulver in die kochende Flüssigkeit rühren und den Topf zurück auf den Herd stellen. Die Flüssigkeit erneut aufkochen und ca. 1 Minute kochen lassen. Den Pudding in eine Schüssel gießen und lauwarm abkühlen lassen.

Inzwischen den Backofen auf 225 °C Ober-/Unterhitze (Umluft 200 °C) vorheizen. Den Teig entrollen und mithilfe eines Glases zwölf Kreise à ca. 11 cm Durchmesser ausstechen. Die Teigreste am Ende wieder zusammendrücken, ausrollen und weitere Kreise ausstechen.

Die zwölf Mulden eines Muffinblechs mit den Teigkreisen auslegen und die Puddingcreme gleichmäßig darin verteilen. Die Küchlein im heißen Ofen (unten) 15–20 Minuten backen. Herausnehmen, in der Form kurz abkühlen lassen, dann aus den Mulden lösen und auf einem Kuchengitter auskühlen lassen.

Gazpacho

KALTE GEMÜSESUPPE

2–4 PORTIONEN

ZUTATEN

- 1 rote Paprikaschote
- 1 kleine Zwiebel
- 1 Knoblauchzehe
- 400 g Tomaten
- 5 EL Olivenöl
- Salz, Pfeffer
- ½ kleines Bund Petersilie
- ½ EL Sherryessig (alternativ Aceto balsamico)
- 1 Avocado

Das Gemüse waschen. Die Paprika halbieren, putzen und in kleine Stücke schneiden. Zwiebel und Knoblauch schälen und fein würfeln. Die Tomaten waschen, blanchieren, häuten, entkernen und klein schneiden. Alles in einem Standmixer mit 4 EL Olivenöl pürieren und mit Salz und Pfeffer würzen.

Die Petersilie waschen, trocken schütteln, Blätter abzupfen und fein hacken. Petersilie mit 1 EL Olivenöl und Essig verrühren. Die Avocado halbieren, schälen, den Kern entfernen und das Fruchtfleisch klein schneiden. Mit dem Petersilienöl vermischen.

Die Gazpacho in Suppenschalen verteilen und mit der Petersilien-Avocado-Mischung toppen. Dazu passt knusprig gebackenes Weißbrot aus dem Backofen.

Zitronen und Oliven
IN ÖL EINGELEGT

1 GLAS À 750 ML

ZUTATEN

- 2 Bio-Zitronen
- 2 Knoblauchzehen
- 200 g gemischte schwarze und grüne Oliven
- 400 ml Olivenöl

Die Zitronen heiß waschen, trocken reiben, und in etwa 0,5 cm dünne Scheiben schneiden. Den Knoblauch schälen und in Stifte schneiden. Zitronenscheiben, Knoblauchstifte und Oliven abwechselnd in ein Glas schichten, dabei jede Lage mit Olivenöl beträufeln, sodass alles vollständig mit Öl bedeckt ist.

Das Glas luftdicht verschließen und an einem kühlen Ort mindestens 1 Tag ziehen lassen.

Tipp

Die Früchte sind im verschlossenen Gefäß bis zu 4 Wochen haltbar. Nach dem Öffnen in den Kühlschrank stellen und zügig verbrauchen.

Italien

Zucchiniblüten MIT RICOTTA & NÜSSEN

2–4 PORTIONEN

ZUTATEN

- 30 g Walnusskerne
- 2 Zweige Thymian
- 8 große Zucchiniblüten mit Zucchini
- 200 g Ricotta
- ½ TL gemahlene Kurkuma
- ¼ TL gemahlener Zimt
- Salz, Pfeffer

AUSSERDEM

- 1 Spritzbeutel ohne Tülle
- 4 EL Olivenöl
- 4 EL Semmelbrösel

Den Backofen auf 180 °C (Ober-/Unterhitze) vorheizen. Die Walnüsse in einer beschichteten Pfanne ohne Fett rösten bis sie duften, dann abkühlen lassen und fein hacken. Den Thymian waschen, trocken schütteln, Blättchen abstreifen und fein hacken.

Die Zucchini jeweils von der Zucchiniblüte schneiden und zur Seite legen. Zucchini putzen, waschen und die Hälfte davon grob raspeln. Mit Ricotta, Walnüssen, Thymian, Kurkuma und Zimt verrühren. Die Masse mit Salz und Pfeffer würzen und in den Spritzbeutel füllen.

Die Zucchiniblüte vorsichtig öffnen, den Blütenstempel abtrennen. Füllung in die Blüte geben und diese zusammendrehen. Dann 2 EL Olivenöl in einer Pfanne erhitzen und die Blüten 2–3 Minuten darin goldbraun anbraten.

Eine ofenfeste Form mit Olivenöl einfetten. Die gebratenen Blüten in die Form legen und mit Semmelbröseln bestreuen. Im heißen Ofen (Mitte) ca. 10 Minuten garen.

Übrige Zucchini längs halbieren. 1 EL Öl in einer Pfanne erhitzen und die Zucchini darin von beiden Seiten 2–3 Minuten goldbraun anbraten, salzen und pfeffern. Zucchiniblüten und Zucchini auf einem Teller anrichten und genießen.

Tipp

Dazu passt frisch gerührter Zitronen-Joghurt. Dafür einfach 150 g Joghurt mit 2 EL Zitronensaft verrühren – mhmm!

Bagna Cauda
MIT VIEL KNOBLAUCH

2 PORTIONEN

ZUTATEN

FÜR DEN DIP
- » 10 Knoblauchzehen
- » 250 ml Milch
- » 2 Sardellenfilets (in Öl)
- » 200 ml Olivenöl

» AUSSERDEM
- » 1 Fenchelknolle
- » 1 Möhre, 1 Paprika
- » 1 Stange Staudensellerie

Den Knoblauch schälen und in einem Topf mit der Milch aufkochen. Anschließend die Hitze reduzieren und etwa 20 Minuten leise köcheln lassen. Zum Schluss die eventuell überschüssige Milch abgießen und den Knoblauch mit einer Gabel vollständig zerdrücken.

Die Sardellen kalt abspülen, mit Küchenpapier trocken tupfen und klein hacken.

Das Gemüse putzen, waschen und die Möhre schälen. Alles in Stifte schneiden.

Den zerdrückten Knoblauch mit den Sardellen und dem Olivenöl in einem Topf unter ständigem Rühren bei geringer Hitze erwärmen. Zum Servieren in zwei Portionsschalen füllen. Dazu schmeckt knuspriges Weißbrot, saftiger Schinken und aromatischer Käse.

Pitta CALABRESE

1 PITTA

ZUTATEN

- 9 g Trockenhefe
- 1 TL Honig
- 250 g Mehl (Type 405)
-
- 250 g Manitobamehl (alternativ Tipo 0 oder Tipo 00)
- Salz

AUSSERDEM

- Mehl für die Arbeitsfläche

Die Trockenhefe und den Honig in 300 ml lauwarmen Wasser auflösen. Die beiden Mehlsorten und 1 Prise Salz in eine Schüssel geben und vermengen. Das Hefe-Honig-Wasser hinzugeben und alles vermischen. Anschließend mit den Händen ca. 7 Minuten lang zu einem glatten Teig kneten. Den Teig zu einer Kugel formen. Die Schüssel mit einem sauberen Geschirrtuch abdecken und den Teig 6 Stunden bei Zimmertemperatur gehen lassen.

Den Backofen auf 200 °C (Umluft) vorheizen. Ein Backblech mit Backpapier auslegen. Die Teigkugel auf eine bemehlte Arbeitsfläche geben, etwas andrücken und in der Mitte mit den Händen ein Loch formen. Den Teigkranz nun so formen, dass er etwa einen Durchmesser von 20 cm und eine Höhe von 8 cm hat.

Den Teigkranz auf das Backblech geben und im heißen Ofen (Mitte) ca. 15 Minuten backen. Die Hitze anschließend auf 180 °C reduzieren und nochmals für 15 Minuten weiterbacken. Das Brot ist nun nochmals aufgegangen und hat eine schöne goldene Farbe. Das Brot herausnehmen, abkühlen lassen. Mit Belag nach Belieben genießen.

Antipasti-PILZE

2–4 PORTIONEN

ZUTATEN

- 300 g braune Champignons
- 300 g Kräuterseitlinge
- 1 Schalotte
- 2 Knoblauchzehen
- Olivenöl zum Braten
- Salz, Pfeffer
- 2 Zweige Rosmarin
- 1 rote Chilischote
- 3 EL Ahornsirup (alternativ Honig)
- 100 ml Aceto balsamico bianco

Die Pilze sauber abreiben. Champignons längs in ca. 6 mm dicke Scheiben schneiden, die Seitlinge halbieren. Schalotte und Knoblauch schälen und getrennt fein würfeln.

Je ca. 3 EL Öl in einer beschichteten Pfanne erhitzen und darin die Pilze nach Sorten getrennt und portionsweise mit wenig Knoblauch (etwas wird noch für die Marinade benötigt) bei großer Hitze in 2–3 Minuten braun braten, salzen, pfeffern und herausnehmen. So nacheinander alle Pilze braten.

Den Rosmarin waschen, trocken schütteln, Nadeln abstreifen und fein hacken. Die Chilischote halbieren, entkernen und fein hacken.

Nun 2 EL Olivenöl in der Pfanne erhitzen, darin Schalottenwürfel, restlichen Knoblauch, Chili und Rosmarin andünsten. Den Ahornsirup darüberträufeln und verrühren, dann mit Essig ablöschen. Alle Pilze hineingeben, kurz aufkochen lassen. Mit Salz, Pfeffer und evtl. Ahornsirup abschmecken, dann etwas abkühlen lassen.

Rindersteaks MIT GREMOLATA

2 PORTIONEN

ZUTATEN

- 2 Knoblauchzehen
- 1 Bio-Zitrone
- ½ kleines Bund Petersilie
- 2 EL Olivenöl
- 2 Rindersteaks (à etwa 150 g)
- Salz
- Pfeffer

Für die Gremolata Knoblauch schälen und fein würfeln. Die Zitrone heiß waschen, abtrocknen und die Schale fein abreiben. Den Zitronensaft auspressen. Die Petersilie waschen, trocken schütteln, Blättchen abzupfen und fein hacken. Zusammen mit Knoblauch und Zitronenabrieb locker vermengen und etwa die Hälfte davon in eine Schale füllen.

In einer Pfanne 1 EL Olivenöl erhitzen und darin die Rindersteaks auf jeder Seite, je nach gewünschtem Garzustand, etwa 2 Minuten anbraten. Herausnehmen, mit Salz und Pfeffer würzen und kurz zum Nachziehen in Alufolie hüllen.

Das übrige Olivenöl in die Pfanne gießen und die restliche Gremolata einstreuen. Mit etwas Zitronensaft sowie dem entstandenen Bratensaft aus der Alufolie beträufeln. Die Rindersteaks auf Teller geben oder auf einem Brett servieren. Mit dem Pfanneninhalt löffelweise überziehen. Zusätzlich die am Tisch bereitgestellte Gremolata darüberstreuen.

Focaccia
MIT SCHWARZEN OLIVEN

1 BACKBLECH

ZUTATEN

- 1 Pck. Trockenhefe
- Zucker
- 500 g Mehl (Type 405)
- je 50 g schwarze und grüne Oliven
- 2 Zweige Rosmarin
- 2 Knoblauchzehen
- 400 g kleine Tomaten an Rispen
- 1 TL Salz
- 100 ml Olivenöl
- Hartweizengrieß für die Arbeitsfläche

Die Hefe mit 1 Prise Zucker in 250 ml lauwarmem Wasser auflösen. Das Mehl in eine große Schüssel sieben, in der Mitte eine Mulde formen und das Hefewasser hineingießen. Mit etwas Mehl vom Rand bestäuben, die Schüssel mit einem sauberen Geschirrtuch abdecken und den Vorteig bei Raumtemperatur ca. 30 Minuten ruhen lassen.

Die Oliven entkernen. Den Rosmarin waschen und trocken schütteln, die Nadeln abstreifen und etwas kleiner hacken. Knoblauch schälen und fein würfeln. Die Tomaten vorsichtig waschen, sodass sie an den Rispen bleiben.

Den Vorteig mit Salz und 1 EL Olivenöl zu einem geschmeidigen Teig kneten. Diesen zu einer Kugel formen, in Frischhaltefolie wickeln und nochmals bei Raumtemperatur ca. 30 Minuten ruhen lassen.

Den Backofen auf 200 °C Ober-/Unterhitze (Umluft 180 °C) vorheizen und ein Backblech mit höherem Rand mit 50 ml Olivenöl einfetten. Auf einer Arbeitsplatte etwas Hartweizengrieß ausstreuen und darauf den Teig nochmals durchkneten, dann etwa in Backblechgröße ausrollen und auf das Blech legen.

Mit den Fingern auf der Teigoberfläche Vertiefungen formen. Oliven, Knoblauch und Rosmarin darauf verteilen. Tomaten mitsamt Rispen dekorativ auf mehrere Stellen geben und alles mit dem restlichen Olivenöl beträufeln. Die Focaccia im heißen Ofen (Mitte) in ca. 30 Minuten knusprig backen.

Carpaccio MIT PARMESANSPÄNEN

2 PORTIONEN

ZUTATEN

- 250 g Rinderfilet am Stück
- 2 EL Olivenöl
- Saft von ½ Zitrone (nach Belieben)
- frisch gehobelter Parmesan
- frisch gemahlener Pfeffer
- Meersalz

Das Rinderfilet mit einem sehr scharfen Messer in hauchdünne Scheiben schneiden. Diese zwischen zwei Lagen fester Frischhaltefolie leicht flachklopfen und anschließend vorsichtig auf zwei Teller breitflächig verteilen. Das Olivenöl über das Fleisch träufeln und nach Belieben mit Zitronensaft benetzen. Den Parmesan in Spänen darüberhobeln und mit frisch gemahlenem Pfeffer und Meersalz würzen.

Dazu schmeckt ofenfrisches Weißbrot, eingelegte Kapernäpfel und gemischte eingelegte Pilze (S. 36).

Bruschetta CLASSICO

2 PORTIONEN

ZUTATEN

- 4 Scheiben italienisches Weißbrot
- 2 Knoblauchzehen
- 2 Fleischtomaten
- 3 Zweige Basilikum
- 3 EL Olivenöl
- Salz, Pfeffer

Den Backofen auf 200 °C mit Grillstufe vorheizen. Die Weißbrotscheiben auf ein Backblech legen und im heißen Ofen (Mitte) einige Minuten knusprig rösten.

Inzwischen den Knoblauch schälen und 1 Knoblauchzehe fein hacken. Die Tomaten waschen, vierteln, entkernen und das Fruchtfleisch fein würfeln. Das Basilikum waschen, trocken schütteln, Blättchen abzupfen und in Streifen schneiden.

Alle vorbereiteten Zutaten locker miteinander vermengen und mit Olivenöl, Salz und Pfeffer anmachen.

Die gerösteten Brote aus dem Ofen nehmen, kurz abkühlen lassen und mit der ganzen Knoblauchzehe kräftig einreiben. Die Brotscheiben mit der Tomatenmischung belegen und servieren.

Tipp

Die Mischung aus Tomaten, Knoblauch und Basilikum ist das Originalrezept – sie lässt sich jedoch variieren, etwa mit gewürfelter (Frühlings-)Zwiebel, gehackter Petersilie oder mehr Knoblauch. Wer möchte, kann die Tomaten auch noch vorher blanchieren und häuten – ist aber kein Muss!

Orient

Kebab-
LAMMFLEISCH-SPIESSE

4 PORTIONEN

ZUTATEN

- 1 kg Lammkeule
- 2 Zwiebeln
- ½ Bund Petersilie
- 1 Limette
- Salz, Pfeffer
- 1 TL gemahlener Kreuzkümmel
- 4 EL Olivenöl

Das Fleisch trocken tupfen, vom groben Fett befreien, in 3–5 cm große Würfel schneiden und in eine Schüssel geben. Die Zwiebeln schälen, halbieren und fein hacken. Die Petersilie waschen, trocken schütteln, Blättchen von den Stielen zupfen und ebenfalls fein hacken. Limette halbieren und 1 Hälfte auspressen.

Zwiebeln, Petersilie, je 1 TL Salz und Pfeffer, Kreuzkümmel, Limettensaft und Olivenöl zum Fleisch geben und alles mit den Händen gut vermengen, sodass das Fleisch mit der Marinade gut bedeckt ist. Das Fleisch mit Frischhaltefolie abdecken oder in ein verschließbares Gefäß geben und über Nacht ziehen lassen.

Am nächsten Tag den Grill vorheizen. Das Fleisch auf Schaschlikspieße aus Metall oder Holz, die zuvor in Wasser gelegt wurden, spießen. Anschließend für ca. 5 Minuten auf den Grill legen, dabei mehrmals das Fleisch wenden, sodass es gleichmäßig gar wird.

Mit einem aromatischen Minztee oder schwarzem Tee servieren.

Tipp

Die Kebabspieße lassen sich auch wunderbar in der Pfanne braten. Dazu passen sehr gut grüne Oliven, ein wenig Harissa sowie ein Gurken-Tomaten-Salat.

Aprikosen-Dattel FILO-ZIGARREN

2–4 PORTIONEN

ZUTATEN

- 250 g getrocknete Aprikosen
- 50 g getrocknete Datteln
- ½ TL gemahlener Zimt
- 60 g Butter
- 4 Blätter Filo-Teig
- 50 g weiße Schokolade
- 40 g Pistazienkerne

Aprikosen, Datteln, Zimt und 3 TL heißes Wasser in einem Blitzhacker zerkleinern, anschließend die Masse in 4 Portionen teilen. Den Backofen auf 170 °C (Umluft) vorheizen. Die Butter in einem Topf schmelzen lassen.

Jeweils 1 Blatt Filo-Teig mit etwas Butter einstreichen und je 1 Portion der Aprikosenmasse länglich auf die untere Hälfte des Teiges geben. An den Seiten immer einen Rand von 2 cm frei lassen. Den Filo-Teig zur Hälfte aufrollen, die Seiten einschlagen und den Teig fertig aufrollen. Die Röllchen mit übriger Butter einpinseln und im heißen Ofen (Mitte) ca. 15 Minuten goldgelb backen.

Währenddessen die weiße Schokolade über einem warmen Wasserbad schmelzen. Die Pistazien grob hacken.

Die fertigen Filo-Zigarren aus dem Ofen nehmen, etwas abkühlen lassen, mit der geschmolzenen Schokolade übergießen und mit den gehackten Pistazien toppen.

Marokkanischer ORANGENSALAT

4 PORTIONEN

ZUTATEN

- 4 Orangen
- 4 Stängel Minze
- 4 getrocknete Datteln
- 4 getrocknete Aprikosen
- 12 Walnusskerne
- 1 Handvoll Pinienkerne
- 1–2 TL gemahlener Zimt
- 2 TL Honig

Orangen so schälen, dass nichts oder nur noch sehr wenig von der weißen Innenschicht der Schale zurückbleibt. Das Fruchfleisch in 0,5 cm dicke Scheiben schneiden und auf 4 Teller verteilen.

Die Minze waschen, trocken schütteln, Blättchen abzupfen und fein hacken. Datteln und Aprikosen in kleine Würfel schneiden. Die Walnüsse fein hacken. Walnüsse, Pinienkerne, Trockenfrüchte und Minze über die Orangen geben.

Den Zimt vorsichtig über die Orangen streuen – er soll nur ganz dezent zu schmecken sein. Zuletzt den Honig über den Früchten verteilen und servieren.

Rote-Bete-
HUMMUS-BAGUETTE

2 PORTIONEN

ZUTATEN

- 400 g Kichererbsen (Glas)
- 300 g Rote Bete (vakuumverpackt)
- Salz, Pfeffer
- Olivenöl zum Braten
- gemahlener Kreuzkümmel
- 1 Handvoll Rucola
- 2 Baguette-Brötchen

Die Kichererbsen abgießen, abbrausen und in einem Sieb abtropfen lassen. 200 g Rote Bete zusammen mit drei Viertel der Kichererbsen sowie etwas Salz und Pfeffer in einen Standmixer geben und pürieren. 1–2 EL Olivenöl zugeben und nochmal aufmixen, bis ein cremiger, dicker Hummus entsteht.

Etwas Öl in einer Pfanne erhitzen und darin die übrigen Kichererbsen mit 1 Prise Kreuzkümmel knusprig anbraten.

Inzwischen die restliche Rote Bete in Scheiben schneiden. Den Rucola verlesen, waschen und trocken schütteln. Die Baguette-Brötchen längs aufschneiden und jeweils beide Seiten mit dem Hummus bestreichen und mit Rucola, Rote-Bete-Scheiben und knusprigen Kichererbsen belegen.

Labneh

FRISCHKÄSEBÄLLCHEN

2–4 PORTIONEN

ZUTATEN

- 1 kg griechischer Joghurt (10 % Fett)
- Salz
- 500 ml Olivenöl
- 4 kleine Zweige Rosmarin
- 5 Knoblauchzehen
- 1 TL Schwarzkümmel
- Pul Biber oder Pfeffer zum Bestreuen (nach Belieben)

Ein Sieb mit einem sauberen Mulltuch auslegen, sodass es an den Rändern gut überhängt. Den Joghurt mit ¾ TL Salz mischen, in das Tuch geben, dieses oben leicht zusammendrehen und mit einer Schnur zu einem kleinen Sack zusammenbinden. So an einem Kochlöffelstiel befestigen, den man über eine ausreichend große Schüssel hängt. In den Kühlschrank stellen und mindestens 12 Stunden, besser 1–3 Tage abtropfen lassen, bis der Joghurt zu einer getrockneten leicht krümeligen Masse geworden ist.

Die Hände mit etwas Olivenöl benetzen und damit aus der Joghurtmasse ca. 3 cm kleine Bällchen formen.

Den Rosmarin waschen, trocken schütteln und in kleine Zweige zupfen. Den Knoblauch mit einem Messer nur leicht anquetschen. Rosmarin und Knoblauch abwechselnd mit den Käsebällchen in ein sauberes, ausreichend großes Glas mit Bügelverschluss schichten und alles mit Olivenöl aufgießen, bis die Bällchen gut bedeckt sind.

Das Glas verschließen und in den Kühlschrank stellen. Die Bällchen so mindestens 2 Tage durchziehen lassen. Sie halten ca. 3 Wochen. Zum Servieren mit etwas Öl beträufeln und mit Schwarzkümmel sowie Pul Biber bestreuen oder mit Pfeffer übermahlen.

Spinat-Salat
MIT SALZZITRONE

2–4 PORTIONEN

ZUTATEN

- 400 g Spinat
- 4 Knoblauchzehen
- 6–8 Stängel glatte Petersilie
- 6–8 Stängel Koriandergrün
- 1 Zitrone
- 4 EL Olivenöl
- ½ TL edelsüßes Paprikapulver
- 1 TL gemahlener Kreuzkümmel
- Meersalz, Pfeffer
- 1 Handvoll rotbraune Oliven (Glas; z. B. Kalamata)
- 1 Salzzitrone (Glas)

Den Spinat verlesen, gründlich waschen und von den dicken Stielen befreien. Den Knoblauch schälen. Petersilie und Koriandergrün waschen, trocken schütteln, Blättchen abzupfen und fein hacken. Zitrone halbieren und auspressen.

Das Olivenöl in einem Topf erhitzen. Den Spinat hineingeben, kurz umrühren und den Knoblauch dazu pressen. Die Hälfte der Petersilie und des Koriandergrüns, Paprikapulver, Kreuzkümmel, 2 EL Zitronensaft sowie Meersalz und Pfeffer hinzufügen. Alles gut umrühren und 2–3 Minuten ohne Deckel dünsten.

Vor dem Servieren die übrigen Kräuter unterheben und die Oliven auf dem Salat verteilen. Die Salzzitrone in Spalten schneiden und mit dem Salat servieren.

Tipp

Der Spinatsalat kann warm oder kalt als Beilage gegessen werden.

Maurische PAPRIKACREME

2–4 PORTIONEN

ZUTATEN

- 4 rote Paprika (ca. 650 g)
- 2 Knoblauchzehen
- 6–7 Zweige Thymian
- 1 Orange
- 4–5 EL Olivenöl
- Salz, Pfeffer
- 2 EL trockener Sherry
- 2 dünne Scheiben Baguette (möglichst vom Vortag)
- 3 EL Rauchmandeln (Fertigprodukt)
- ½ TL edelsüßes Paprikapulver
- 2–3 Msp. Chilipulver
- ½ TL gemahlener Kreuzkümmel
- ½ TL Honig

Die Paprika längs halbieren, putzen, waschen und in ca. 2 cm große Stücke schneiden. Den Knoblauch schälen und klein würfeln. Den Thymian waschen, trocken schütteln, Blättchen abstreifen und grob hacken. Die Orange halbieren und den Saft auspressen.

In einer beschichteten Pfanne 3 EL Olivenöl erhitzen und darin die Paprika bei großer Hitze anbraten – sie dürfen ruhig dunkelbraune Flecken bekommen. Dann gut die Hälfte Knoblauch zugeben und weitere 2–3 Minuten bei mittlerer Hitze braten, salzen und pfeffern. Mit Sherry und 3 EL Orangensaft ablöschen und bei kleiner Hitze 20–25 Minuten offen braten, bis die Paprikastücke richtig weich sind, dabei gegen Ende den Thymian unterrühren. Während des Garens den übrigen Orangensaft nach und nach zugießen, damit die Paprikastücke nicht anbrennen, trotzdem sollte am Ende fast alle Flüssigkeit dick eingekocht sein.

Inzwischen das Brot in Würfel schneiden. Das übrige Öl in einer beschichteten Pfanne erhitzen und darin das Brot mit dem übrigen Knoblauch bei mittlerer Hitze goldbraun rösten. Die Paprika vom Herd nehmen und etwas abkühlen lassen. Anschließend mit Mandeln, Brotstücken, Gewürzen und übrigem Olivenöl mit dem Stabmixer fein pürieren. Zum Schluss mit Honig, evtl. etwas Orangensaft, Salz und Pfeffer abschmecken.

Sesam-Gewürz-KROKANT

2–4 PORTIONEN

ZUTATEN

- 50 g Sesam
- 60 g Kürbiskerne
- 25 g getrocknete Berberitzen (alternativ getrocknete Sauerkirschen, s. Tipp)
- ⅓ TL Lebkuchengewürz
- ½ TL neutrales Öl
- 120 g Zucker

Den Sesam und die Kürbiskerne nacheinander in einer kleinen Pfanne ohne Fett rösten, bis sie duften und leicht bräunen. Sofort aus der Pfanne nehmen und abkühlen lassen. Sobald sie abgekühlt sind, mit den Berberitzen (alternativ Sauerkirschen vorher klein hacken) und dem Lebkuchengewürz mischen. Ein Stück Backpapier (ca. 35 x 35 cm) auf der Arbeitsfläche auslegen und dünn mit dem Öl bepinseln.

Den Zucker in einem weiten Topf oder einer beschichteten Pfanne schmelzen und goldbraun karamellisieren lassen. Vom Herd nehmen und die Berberitzen-Mischung zügig zugeben und möglichst schnell mit einem Holzlöffel unter das Karamell rühren – das und der folgende Schritt müssen sehr schnell gehen, da das Karamell sofort hart zu werden beginnt.

Das weiche Karamell zügig auf das geölte Backpapier geben und mit einem leicht mit Öl benetzten Löffel platt drücken, dann ein zweites Backpapier auflegen und mit einer Backrolle die Masse gleichmäßig dünn ausrollen bzw. drücken. Den Sesam-Krokant abkühlen und hart werden lassen, dann in Stücke brechen. Anschließend in einer luftdichten Metalldose aufbewahren.

Tipp

Getrocknete Berberitzen bekommt man in gut sortierten Lebensmittelgeschäften, türkischen oder persischen Lebensmittelläden. Die Früchte schmecken angenehm säuerlich und können zur Not durch getrocknete Sauerkirschen ersetzt werden, diese muss man dann allerdings kleiner hacken.

Südamerika
& Ozeanien

Avocadosalsa

4 PORTIONEN

ZUTATEN

- 2 große reife Avocados (z.B. Sorte Hass)
- Saft von 1 Limette
- 1 Knoblauchzehe
- 1 Tomate
- 1 Frühlingszwiebel
- ½ Bund Koriandergrün
- Salz, Pfeffer
- 2 Msp. Chilipulver
- ½ TL gemahlener Kreuzkümmel

Avocados halbieren, Stein entfernen. Fruchtfleisch aus der Schale lösen und mit Limettensaft beträufeln. Knoblauch schälen und dazupressen. Tomate waschen, halbieren, entkernen und Fruchtfleisch klein würfeln. Frühlingszwiebel putzen, waschen, grünen Teil in Ringe schneiden, weißen Teil längs vierteln und hacken. Koriander waschen, trocken schütteln, Blättchen abzupfen und hacken. Avocado und Knoblauch mit einer Gabel zermusen. Übrige Zutaten untermengen. Mit Salz, Pfeffer, Chilipulver und Kreuzkümmel würzen.

Pico de Gallo

4 PORTIONEN

ZUTATEN

- 6 Tomaten
- Salz
- 1 Zwiebel
- 1–2 grüne Jalapeños
- 1½ EL Limettensaft
- 3 EL gehacktes Koriandergrün
- Pfeffer

Tomaten waschen, halbieren, entkernen, den Stielansatz entfernen. Fruchtfleisch möglichst klein würfeln. Tomatenwürfel in ein Sieb geben, mit 1 kräftigen Prise Salz mischen, das Sieb über eine Schüssel hängen und die Tomaten ca. 20 Minuten Wasser ziehen lassen. Inzwischen Zwiebel schälen und ebenfalls möglichst fein würfeln. Chilischote waschen, halbieren, putzen und die Hälften fein hacken. Alles mit Limettensaft und Koriandergrün mischen, mit Salz und Pfeffer würzen und zugedeckt im Kühlschrank 1–2 Stunden ziehen lassen. Vor dem Servieren überschüssige Flüssigkeit abgießen. Diese Würzsauce passt zu Nachos und zu gegrilltem oder gebratenem Fleisch.

Corona
Extra

Poké AM SPIESS

2 PORTIONEN

ZUTATEN

FÜR DIE MAYO
- » 2 EL Mayonnaise
- » 1 EL griechischer Joghurt (10% Fett)
- » 1 EL Sriracha (Chilisauce)
- » Salz

FÜR DIE SPIESSE
- » 1 TL Sesam
- » 1 TL schwarzer Sesam
- » 300 g Lachsfilet (Sashimi-Qualität)
- » ½ Mango
- » 1 TL gehacktes Koriandergrün
- » ½ TL Abrieb von 1 Bio-Limette
- » 250 g Wassermelone

AUSSERDEM
- » 10 Fingerfood-Spieße (à 9 cm)

Für die Mayo die Mayonnaise mit dem Joghurt und der Sriracha in einer Schale verrühren und mit etwas Salz würzen.

Für die Spieße den Sesam in einer beschichteten Pfanne ohne Fett bei mittlerer Hitze ca. 1 Minute goldbraun rösten, bis er zu duften beginnt. Aus der Pfanne nehmen und auf einen Teller geben.

Den Lachs in 10 ca. 2 cm große Würfel schneiden und in die Schale mit der scharfen Mayo geben. Den Fisch ringsherum in der Sauce wälzen, abdecken und für ca. 30 Minuten kühl stellen.

Die Mango schälen, das Fruchtfleisch vom Kern herunterschneiden und in 10 etwa gleich große Würfel schneiden. In einer Schale den Koriander mit der Limettenschale vermischen und die Mangowürfel darin wälzen.

Von der Melone die Schale abschneiden. Ggf. die Kerne aus dem Fruchtfleisch mit einem kleinen spitzen Messer entfernen und dieses in 10 etwa gleich große Würfel schneiden.

Nun den Fisch im gerösteten Sesam wälzen und anschließend auf jeden Spieß je 1 Stück Mango, Melone sowie Lachs stecken und servieren.

Nacho-Pfanne
MIT HÄHNCHEN

2 PORTIONEN

ZUTATEN

- 250 g Hähnchen-brustfilet
- Salz
- 60 ml BBQ-Sauce (Fertigprodukt nach Wahl)
- 100 g Ananasstücke (Dose)
- 1 große rote Zwiebel
- 1 Jalapeño
- 200 g Cheddar
- 150 g Tortilla-Chips

Das Fleisch trocken tupfen, dann mit 500 ml Wasser und ½ TL Salz in einen kleinen Topf geben. Das Wasser bei mittlerer Hitze zum Kochen bringen, dann auf schwache Hitze reduzieren und das Fleisch in ca. 15 Minuten fertig garen.

In der Zwischenzeit den Backofen auf 200 °C (Ober-/Unterhitze) vorheizen. Eine gusseiserne Pfanne (Ø 28 cm; alternativ Tarte-/Spring- oder Auflaufform) mit Backpapier auslegen. Die Ananas abgießen und in einem Sieb abtropfen lassen. Die Zwiebel schälen, halbieren und in dünne Spalten schneiden. Die Jalapeño waschen, den Stiel entfernen und die Jalapeño quer in dünne Ringe schneiden. Den Käse grob reiben.

Hähnchenbrust aus dem Topf nehmen und auf einem Teller oder Schneidebrett mithilfe von zwei Gabeln zerfasern. Anschließend das Fleisch mit der BBQ-Sauce gut in einer Schale vermengen, bis es gleichmäßig damit benetzt ist.

Die Hälfte der Chips in der Pfanne verteilen, dann die Hälfte Hähnchenfleisch, Ananas, Zwiebeln, Jalapeño und Käse darauf geben. Die restlichen Chips darüber verteilen, dann die restlichen Zutaten und als letzte Schicht den Käse darüberstreuen. Die Pfanne in den heißen Ofen (Mitte) schieben und 10–12 Minuten überbacken, bis der Käse zu bräunen beginnt und Blasen wirft.

Maiskolben

AUF MEXIKANISCHE ART

4 PORTIONEN

ZUTATEN

- 4 frische Maiskolben (möglichst mit Hüllblättern)
- 2 EL Butter
- 1 Limette

FÜR DIE KÄSECREME

- 3 EL Mayonnaise
- 2 EL Schmand
- 1 EL saure Sahne
- 100 g Feta
- ⅓ Bund Koriandergrün
- Salz, Pfeffer
- ½–¾ TL Ancho-Chilipulver

Den Backofen auf 225 °C (Ober-/Unterhitze) vorheizen. Ggf. von den Maiskolben die Hüllblätter Stück für Stück nach hinten über den Stielansatz ziehen, ohne sie abzureißen. Am Ende des Kolbens alle Blätter ineinanderdrehen; daran kann man sie später gut halten. Die Fäden über dem Mais abziehen oder abschneiden, die Kolben waschen und leicht trocken schütteln. Auf dem Backrost im heißen Ofen (Mitte) 30–35 Minuten rösten, dabei gelegentlich drehen.

Währenddessen für die Käsecreme die Mayonnaise mit Schmand und saurer Sahne verrühren. Den Feta trocken tupfen und mit einer Gabel fein zerbröckeln. 2 EL Feta davon abnehmen, den Rest unter die Creme rühren. Den Koriander waschen, trocken schütteln, Blättchen abzupfen und fein hacken. 1 EL davon beiseitelegen, den Rest ebenfalls unterrühren. Die Käsecreme mit Salz, Pfeffer und ½ TL Chilipulver würzen.

Die Butter in einem Topf schmelzen lassen. Den Mais aus dem Ofen nehmen und den Grill zuschalten. Die Maiskolben rundum mit Butter bestreichen, dann auf dem Rost im heißen Ofen (oben – dabei vorsichtig sein und nicht zu weit oben einschieben, damit die Maishüllblätter nicht Feuer fangen! Evtl. ein mit Alufolie ausgelegtes Blech

Tipp

Im Sommer schmecken die Maiskolben vom Grill perfekt! Den Mais am besten samt Hüllblättern kurz wässern und unter mehrmaligem Wenden ca. 10 Minuten grillen. Dann vom Grill nehmen, Blätter und Fäden entfernen und die Kolben weitere 10 Minuten grillen; alle 1–2 Minuten wenden und mit flüssiger oder sehr weicher Butter bepinseln. Zuletzt mit der Käsecreme bestreichen.

darunterschieben, da die Butter tropft) 6–10 Minuten grillen. Die Kolben öfters wenden und nochmals rundum mit Butter bestreichen, sodass die Maiskörner knusprig braun geröstet sind.

Den Mais herausnehmen, in eine Auflaufschale legen und noch heiß mit der Käsecreme bestreichen. Mit übrigem Käse, Koriandergrün und Chilipulver bestreuen. Die Limette vierteln zum Beträufeln servieren.

Garnelen-Tacos MIT FRUCHTIGER SALSA

10 STÜCK

ZUTATEN

FÜR DIE SALSA
- 2 kleine Avocados
- 3–4 EL Limettensaft
- 1 kleine Mango
- 2 Frühlingszwiebeln
- 1 kleine rote Chilischote
- Salz, Pfeffer

FÜR DIE LIMETTEN-CREME
- 150 g Schmand
- 3 EL Joghurt
- 1½ Bio-Limetten
- Salz, Pfeffer
- ⅓ TL gemahlener Kreuzkümmel

FÜR DIE GARNELEN
- 20 küchenfertige rohe Riesengarnelen (ohne Kopf und Schale)
- 2 Knoblauchzehen
- 4 EL Olivenöl
- Salz, Pfeffer
- 2 EL Limettensaft
- 2 EL gehacktes Koriandergrün

AUSSERDEM
- ½ kleiner Eisbergsalat
- 10 Taco-Shells (Fertigprodukt)

Für die Salsa die Avocados halbieren, Stein und Schale entfernen. Das Fruchtfleisch klein würfeln und sofort mit 3 EL Limettensaft mischen, damit es nicht braun wird. Die Mango schälen, das Fruchtfleisch vom Stein herunterschneiden und ebenfalls klein würfeln. Die Frühlingszwiebeln putzen, waschen, den weißen Teil längs halbieren oder vierteln und in feine Stückchen schneiden, das Grün in etwas dickere Ringe. Die Chilischote längs halbieren, Stielansatz, Samen und Trennwände entfernen; Chilihälften waschen und fein hacken. Alles mit den Avocadowürfeln vermengen und mit Salz und Pfeffer würzen. Evtl. nochmals mit dem übrigen Limettensaft abschmecken und ziehen lassen.

Für die Creme zuerst Schmand und Joghurt glatt rühren. Die Limetten heiß waschen, abtrocknen, die Schale fein abreiben und den Saft auspressen. Die Limettenschale sowie 2 EL Limettensaft unter die Creme rühren. Mit Salz, Pfeffer und Kreuzkümmel würzen.

Salat waschen, trocken schleudern. Die Blätter in sehr feine Streifen schneiden. Für die Garnelen die Riesengarnelen kalt abspülen und trocken tupfen. Knoblauch schälen und in dickere Scheiben schneiden. Das Öl in einer beschichteten Pfanne erhitzen, darin Garnelen und Knoblauch bei mittlerer bis hoher Hitze 3 Minuten braten. Salzen, pfeffern und vom Herd nehmen. Sofort Limettensaft und Koriandergrün unterrühren.

Etwas Salat in die Taco Shells legen, Salsa darauf verteilen, je 2 Garnelen daraufgeben und mit der Creme beträufeln.

Ceviche

MIT AVOCADO

2–4 PORTIONEN

ZUTATEN

- 1 kleine rote Zwiebel
- 1 Knoblauchzehe
- ½ kleine grüne Chilischote
- 2 Bio-Limetten
- 400 g weißfleischiges Fischfilet (z. B. Seebarsch, Scholle, Kabeljau)
- Salz, Pfeffer
- 1 Avocado
- 1 TL fein gehacktes Koriandergrün (nach Belieben)

Die Zwiebel schälen, halbieren und in feine Streifen schneiden. Den Knoblauch schälen und durch eine Knoblauchpresse drücken. Die Chilischote waschen, halbieren, entkernen und fein würfeln.

Die Limetten heiß waschen, abtrocknen und von 1 Limette ein paar Zesten abziehen. Den Limettensaft auspressen.

Das Fischfilet in etwa 1 cm große Würfel schneiden. Zusammen mit Zwiebeln, Knoblauch, Chili sowie der Hälfte des Limettensafts und den Zesten locker vermengen. Mit Salz und Pfeffer würzen, abdecken und für ca. 30 Minuten in den Kühlschrank stellen.

Die Avocado schälen, halbieren, den Kern entfernen und das Fruchtfleisch in Scheiben schneiden. Auf zwei Teller verteilen, mit dem restlichen Limettensaft beträufeln und darauf das Ceviche anrichten. Nach Belieben noch mit ewas Koriander toppen.

Avocado-Wedges MIT AIOLI

2–4 PORTIONEN

ZUTATEN

FÜR DIE WEDGES
- 2 mittelreife Avocados
- 2 Eier (Größe M)
- 100 g Mehl (Type 405)
- 120 g Panko (japanisches Paniermehl)
- Salz
- Cayennepfeffer

FÜR DIE AIOLI
- 2 TL Wasabipulver
- 1 TL Reisessig
- 1 EL Honig
- 100 g Mayonnaise
- Salz

Den Backofen auf 200 °C (Ober-/Unterhitze) vorheizen. Ein Backblech mit Backpapier auslegen. Die Avocados halbieren, den Kern entfernen und das Fruchtfleisch mit einem Löffel aus der Schale lösen. Falls die Avocado fester ist, die Schale vorsichtig mit einem kleinen Messer abschneiden. Die Avocadohälften in ca. 1 cm breite Scheiben schneiden.

Die Eier in einem tiefen Teller aufschlagen und mit der Gabel gut verquirlen. Mehl und Panko jeweils in eine flache Schale geben. Das Mehl mit 1 TL Salz sowie 2 Prisen Cayennepfeffer würzen und gut vermischen.

Die Avocadospalten erst im Mehl wenden, überschüssiges Mehl behutsam abklopfen, dann im Ei und anschließend im Paniermehl wenden. Gleichmäßig auf dem Backblech verteilen, die Spalten sollen sich möglichst nicht berühren. Im heißen Ofen (Mitte) 12–15 Minuten backen. Die Wedges nach der Hälfte der Zeit wenden.

Währenddessen in einer kleinen Schüssel Wasabipulver, Essig und 1 EL Wasser miteinander verrühren. Den Honig und die Mayonnaise dazugeben, verrühren und mit Salz nach Belieben abschmecken. Die Wasabi-Aioli in zwei Dip-Schälchen füllen. Die Wedges aus dem Ofen nehmen und mit Aioli servieren.

Tres-Leches-Gratin MIT OBSTSALAT

4–8 PORTIONEN

ZUTATEN

FÜR DAS GRATIN
- Butter
- 1 Brioche vom Vortag (400 g)
- 250 ml Milch
- 50 ml Kondensmilch
- 250 ml gezuckerte Kondensmilch
- 2 Eier (Größe M)
- 1 TL Vanilleextrakt

FÜR DEN OBSTSALAT
- 1 große reife Mango
- 400 g Erdbeeren
- 1 EL Honig
- Saft von 1 Limette
- 3 Stängel Minze

Backofen auf 175 °C Ober-/Unterhitze (Umluft 155 °C) vorheizen. Eine flache Auflaufform (ca. 25 × 15 cm) einfetten. Die Brioche in ca. 1,5 cm dicke Scheiben schneiden und dachziegelartig in die Form schichten.

Die Milch mit Kondensmilch, gezuckerter Kondensmilch, Eiern und Vanilleextrakt verquirlen und über die Briochescheiben gießen; diese etwas nach unten drücken, sodass sie alle von der Flüssigkeit getränkt werden. Im heißen Ofen (Mitte) ca. 25 Minuten goldbraun backen.

Inzwischen für den Obstsalat die Mango schälen, das Fruchtfleisch vom Stein schneiden und klein würfeln. Die Erdbeeren putzen, waschen und je nach Größe halbieren oder vierteln. Den Honig und den Limettensaft verrühren. Minze waschen, trocken schütteln, die Blätter abzupfen und in feine Streifen schneiden. Die Früchte und die Minze unter das Dressing mischen.

Das Gratin aus dem Ofen nehmen, kurz abkühlen lassen und noch warm mit dem Obstsalat servieren.

STAUB

Grünes BRATGEMÜSE

4–6 PORTIONEN

ZUTATEN

- 2 Zucchini
- 500 g Mangold (möglichst buntstielig)
- 1 Zwiebel
- 3 Knoblauchzehen
- Olivenöl zum Braten
- Salz, Pfeffer
- ½ TL gekörnte Brühe
- ½ TL gemahlener Kreuzkümmel
- 3 Msp. Chiliflocken
- 150 g Feta
- 2 EL Limettensaft

Die Zucchini putzen, waschen und klein würfeln. Den Mangold verlesen, waschen, die Stängel in feine Streifen und die Blätter in etwa 1 cm breite Streifen schneiden. Zwiebel und Knoblauch schälen und fein hacken. Reichlich Olivenöl in einer beschichteten Pfanne erhitzen und darin die Zucchini bei hoher Hitze anbraten. Dann auf mittlere Hitze reduzieren und weiterbraten, bis sie gebräunt und gar sind. Ein Drittel Knoblauch unterrühren und gut mit Salz und Pfeffer würzen. Die Zucchini aus der Pfanne nehmen.

Nach Bedarf etwas Öl in die Pfanne nachgießen und darin die Zwiebel goldgelb andünsten. Mangoldstiele und übrigen Knoblauch zugeben und unter Rühren 1–2 Minuten braten. 3–4 EL Wasser und gekörnte Brühe zugeben und bei mittlerer Hitze weitere 3–5 Minuten garen. Mit Kreuzkümmel und Chiliflocken würzen.

Währenddessen den Feta trocken tupfen und mit einer Gabel zerbröckeln. Die Mangoldblätter mit in die Pfanne geben und bei großer Hitze unter Rühren zusammenfallen lassen. Hitze reduzieren, Zucchini zurück in die Pfanne geben, heiß werden lassen, mit Limettensaft, Salz und Pfeffer abschmecken. Vom Herd nehmen und mit Käse bestreut servieren.

Taco-Shells MIT TEX-MEX

2 PORTIONEN

ZUTATEN

- 4 Blätter Eisbergsalat
- 1 Frühlingszwiebel
- 1 Tomate
- 100 g Mais (Dose)
- 200 g Hähnchenbrustfilet
- 1 EL Pflanzenöl
- Salz, Pfeffer
- 1 Avocado
- Saft von ½ Limette
- 2 EL Chilisauce (Fertigprodukt)
- 4 Taco-Shells
- 4 EL saure Sahne

Den Eisbergsalat waschen, trocken schleudern und in feine Streifen schneiden. Frühlingszwiebel putzen, waschen und fein würfeln. Die Tomate waschen und in kleine Stücke schneiden. Den Mais abgießen und abtropfen lassen. Das Hähnchenbrustfilet trocken tupfen und in schmale Streifen schneiden.

In einer beschichteten Pfanne das Öl erhitzen und das Fleisch darin von allen Seiten in 4–5 Minuten kräftig anbraten. Mit Salz und Pfeffer würzen.

Die Avocado schälen, den Kern entfernen, das Fruchtfleisch mit einem Löffel aus der Schale lösen und klein würfeln. Sofort mit dem Limettensaft beträufeln. Alle vorbereiteten Zutaten mit der Chilisauce locker vermengen und nochmal mit Salz und Pfeffer abschmecken.

Das fertige Tex-Mex in die Taco-Shells füllen, mit jeweils 1 EL saurer Sahne überziehen und servieren.

Tipp

Alle vorbereiteten Zutaten am Tisch bereitstellen, sodass sich jeder seine eigene Mischung in die Taco-Schale füllen kann. Zusätzlich kann man mit gehacktem Koriander oder Chili, verschiedenen Chilisaucen, Knoblauch- und Zwiebelwürfeln variieren – ay ay!

Griechenland

Täschchen MIT SCHAFSKÄSE

18 STÜCK

ZUTATEN

- 400 g Feta
- 2 Eier (Größe M)
- ⅓ Bund Petersilie
- 8 Stängel Minze
- 3 Frühlingszwiebeln
- Salz, Pfeffer
- ⅓ TL Chilipulver
- 125 g Butter
- 400 g Filo-Teig (alternativ Yufkateig, 3 runde Blätter)

Den Feta trocken tupfen und mit einer Gabel fein zerbröckeln. Mit den Eiern verquirlen. Petersilie und Minze waschen, Blättchen abzupfen und fein hacken. Frühlingszwiebeln putzen, waschen und mit dem Grün in feine Ringe schneiden. Mit den Kräutern unter die Fetamasse mischen und mit wenig Salz, Pfeffer und Chilipulver würzen.

Den Backofen auf 200 °C Ober-/Unterhitze (Umluft 180 °C) vorheizen und ein Backblech mit Backpapier auslegen. Die Butter in einem Topf zerlassen. Die Teigblätter nacheinander auf einer Arbeitsfläche ausbreiten. Jedes Teigblatt längs in 6 ca. 10 cm breite Streifen schneiden und mit Butter bepinseln. Auf die einzelnen Teigstreifen unten je 1 EL Fetafüllung geben. Dann das Teigblatt von rechts nach links zum Dreieck über die Füllung falten, sodass die Blätter am linken Rand bündig übereinanderliegen. Dieses Dreieck nun nach oben falten, sodass ein neues Dreieck entsteht. Dieses Dreieck wiederum nach oben falten usw., bis der Teig vollständig „eingefaltet" ist.

Die Teigdreiecke nun beidseitig mit restlicher Butter bepinseln, nebeneinander mit ein wenig Abstand auf das Blech legen. Die Teigtäschchen im heißen Ofen (Mitte) in 20–25 Minuten goldbraun und knusprig backen.

Gefüllte Weinblätter IN OLIVENÖL

20 STÜCK

ZUTATEN

- 150 g Weinblätter (vakuumiert)
- 50 g roher Rundkornreis
- Salz
- 1 Zwiebel
- ½ kleines Bund Dill
- 250 g Rinderhackfleisch
- Pfeffer
- 500 ml Olivenöl
- 1 Bio-Zitrone
- 50 g Pinienkerne

Die Weinblätter ca. 30 Minuten in kaltes Wasser legen. Anschließend einzeln auf einer Arbeitsfläche ausbreiten. Inzwischen den Reis in einen Topf mit 150 ml Wasser und 1 Prise Salz geben und zum Kochen bringen. Nach dem Aufkochen die Hitze reduzieren und den Reis etwa 10 Minuten garen, bis die Flüssigkeit vollständig aufgesogen ist.

Die Zwiebel schälen und fein würfeln. Den Dill waschen, trocken tupfen, Spitzen abstreifen und fein hacken. Mit dem Hackfleisch und dem gegarten Reis vermischen, mit Salz und Pfeffer würzen. Je 1 EL Hackmasse in die Mitte der Weinblätter geben. Jedes Blatt oben und unten einschlagen und fest aufrollen. Die Röllchen dicht nebeneinander – mit der Nahtstelle nach unten – in einen breiten Topf legen. Mit etwa 50 ml Olivenöl beträufeln und mit so viel Wasser begießen, dass alles bedeckt ist. Die gefüllten Weinblätter 35–40 Minuten bei kleiner Hitze und geschlossenem Deckel garen. Die fertigen Röllchen im Topf abkühlen lassen. Dann vorsichtig herausnehmen und in eine breite, flache Form geben.

Die Zitrone heiß waschen, abtrocknen, in Scheiben schneiden und diese halbieren. Je 1 halbe Scheibe zwischen die Weinblätterröllchen stecken. Alles mit den Pinienkernen und dem Dill bestreuen und großzügig mit Olivenöl begießen. Die Form mit Frischhaltefolie abdecken und für mindestens 4 Stunden kühl stellen. Anschließend servieren.

Classic ZAZIKI

4–6 PORTIONEN

ZUTATEN

- 500 g griechischer Joghurt (10 % Fett)
- 1 kleine Salatgurke
- Salz
- 2 Knoblauchzehen
- 1 EL Weißweinessig
- 3 EL Olivenöl
- Pfeffer
- Zucker
- ⅓ Bund Dill (alternativ 2 Stängel Minze)

Ein feines Sieb mit einem sauberen (Mull-) Tuch auslegen. Den Joghurt in das Tuch geben, dieses zu einem Beutel zusammenfassen und leicht zudrehen. Den Joghurt so ca. 20 Minuten abtropfen lassen. Anschließend nochmals gut ausdrücken und das Tuch fest zudrehen, damit so viel Flüssigkeit wie möglich abfließt.

Inzwischen die Gurke putzen, waschen und grob raspeln. Mit 2–3 Prisen Salz in einem Sieb mischen und etwa 10 Minuten über eine Schüssel hängen, damit sie Wasser zieht. Anschließend die Gurke gut auspressen, ggf. in einem sauberen Küchentuch (dazu das Tuch wie beim Joghurt zum Beutel fassen, zusammendrehen und drücken).

Joghurt und Gurkenraspel verrühren. Knoblauch schälen, durchpressen und mit Essig und Olivenöl unterrühren und das Zaziki mit Salz, Pfeffer und 1 Prise Zucker würzen. Den Dill waschen, trocken schütteln, Spitzen abzupfen, grob hacken und unterrühren. Das Zaziki vor dem Servieren nochmal 10–20 Minuten im Kühlschrank durchziehen lassen.

Tipp

Zaziki kennt jeder! Als Vorspeise eignet es sich hervorragend zum Dippen mit Brot, aber es passt genauso gut zu Rohkost, gegrilltem Fleisch oder Fisch, zu Ofenkartoffeln oder Smashed Potatoes.

Frittierte AUBERGINEN

4–6 PORTIONEN

ZUTATEN

- » 2 Auberginen
- » Salz
- » 150 g Mehl (Type 405)
- » 175 ml Bier
- » 1 Ei (Größe L)
- » Pfeffer
- » 3 Msp. Chilipulver
- » 1 l Öl zum Braten

Die Auberginen putzen, waschen und quer in etwa 7 mm dicke Scheiben schneiden. Salzen und ca. 1 Stunde Wasser ziehen lassen. Dann gründlich mit kaltem Wasser abbrausen, abtropfen lassen und trocken tupfen.

Währenddessen das Mehl und das Bier mit einem Schneebesen möglichst glatt verrühren. Dann das Ei unterrühren und mit Salz, Pfeffer und Chilipulver würzen. Den Teig, mit einem sauberen Küchentuch zugedeckt, etwa 30 Minuten im Kühlschrank quellen lassen.

Das Öl in einem weiten Topf oder einer Fritteuse auf 180 °C erhitzen (es ist heiß genug, wenn an einem hölzernen Kochlöffelstiel, den man ins Öl hält, sprudelnd kleine Bläschen aufsteigen).

Die Auberginenscheiben einzeln durch den Teig ziehen, diesen leicht abtropfen lassen, dann ins heiße Öl geben und ca. 2 Minuten knusprig braun frittieren. Dabei nie zu viele Auberginenscheiben auf einmal ins Fett geben, sonst sinkt die Temperatur des Öls, und sie werden nicht knusprig.

Die frittierten Auberginen mit einem Schaumlöffel herausheben und auf etwas Küchenpapier abtropfen lassen. Nach Bedarf nochmals leicht salzen und ggf. im 90 °C heißen Ofen zum Servieren warm halten.

New-Style SOUVLAKI

4–6 PORTIONEN

ZUTATEN

- 800 g Schweinerücken (am Stück)
- 2 Knoblauchzehen
- 3 TL Weißweinessig
- 6 EL Olivenöl, plus etwas mehr zum Braten
- 1 TL getrockneter Oregano
- Pfeffer
- je 1 kleine grüne und gelbe Paprika
- 1 große rote Zwiebel

AUSSERDEM

- 12 Holzspieße

Das Fleisch trocken tupfen, quer in ca. 1,5 cm dicke Scheiben schneiden und diese in ca. 2 x 2 cm große Stücke. Knoblauch schälen und zum Essig in eine Schüssel pressen. Mit Olivenöl und Oregano verrühren und gut pfeffern. Das Fleisch zugeben und alles gründlich miteinander mischen. Anschließend zugedeckt im Kühlschrank 2–3 Stunden marinieren.

Das Fleisch aus dem Kühlschrank nehmen und Zimmertemperatur annehmen lassen. Währenddessen die Holzspieße in kaltes Wasser einlegen. Die Paprika vierteln, putzen, waschen und in ca. 2 cm große Stücke schneiden. Zwiebel schälen, längs halbieren und quer in etwa gleich große Spalten schneiden. Die Segmente voneinander lösen. Dann abwechselnd je 1–2 Zwiebel-, Fleisch- und Paprikastücke auf die Spieße dicht aufstecken.

Einen Gas- oder Holzkohlegrill vorbereiten. Die Spieße darauf ca. 15 Minuten rundum grillen. Am besten mit frischen Zwiebelringen, Tomatenscheiben und Zaziki zu Pitabrot servieren.

Tipp

Alternativ kann man das Souvlaki auch auf einem Grill zubereiten: Dafür eine Grillpfanne mit etwas Öl bestreichen und stark erhitzen. Die Spieße darin rundherum 8–10 Minuten braun braten.

Halloumi
AUF AUBERGINEN

2 PORTIONEN

ZUTATEN

- 1 kleine Aubergine
- Salz
- 1 Knoblauchzehe
- Saft von ½ Zitrone
- 7 EL Olivenöl zum Braten
- 250 g Halloumi
- Pfeffer
- ½ kleines Fladenbrot
- 1 TL Zatar (s. Tipp)

Den Backofen auf 200 °C Ober-/Unterhitze (Umluft 180 °C) mit Grillstufe vorheizen. Aubergine putzen, waschen und in dünne Scheiben schneiden. Mit ausreichend Salz bestreuen und 20 Minuten ruhen lassen. Inzwischen Knoblauch schälen, fein hacken und mit Zitronensaft sowie mit 3 EL Olivenöl verrühren.

Eine Auflaufform mit 1 EL Olivenöl einfetten. Den Halloumi längs halbieren, in die Form legen und im heißen Ofen (Mitte) ca. 20 Minuten grillen. Dabei ein- bis zweimal wenden und zum Schluss mit Salz und Pfeffer würzen.

Die Auberginenscheiben kalt abspülen, trocken tupfen und in einer großen Pfanne mit 2 EL heißem Olivenöl etwa 8 Minuten knusprig braten. Mit Salz und Pfeffer würzen.

Das Fladenbrot mit 1 EL Olivenöl beträufeln und mit Zatar bestreuen. Nur kurz zum Rösten mit in den Backofen (hier reicht ggf. auch die Restwärme) geben. Die Auberginenscheiben auf zwei Teller verteilen, darauf je 1 Scheibe Halloumi geben und alles mit dem Zitronenöl beträufeln. Dazu das Fladenbrot servieren.

Tipp

Zatar ist eine Gewürzmischung aus Thymian, Sumach, Salz und Sesamsamen, die man in türkischen Geschäften kaufen kann.

Kretische BRUSCHETTA

CA. 8 STÜCK

ZUTATEN

- 6 Tomaten
- 3 Frühlingszwiebeln
- 50 g schwarze Oliven
- 1 EL Kapern
- 1½ EL Weißweinessig
- ½ TL Honig
- Salz – Pfeffer
- 3 EL Olivenöl
- ⅓ TL getrockneter Oregano
- 200 g Feta
- 3 Stängel Basilikum
- 4–8 Dakos-Hälften (s. Tipp)

Die Tomaten waschen und unten kreuzweise einritzen. In eine hitzebeständige Schüssel legen und mit so viel kochendem Wasser übergießen, dass sie gut bedeckt sind. Etwa 10 Minuten darin ziehen lassen. Dann abgießen und die Tomaten mit einem Messer häuten. Das Fruchtfleisch in kleine Würfel schneiden, dabei den Saft auffangen.

Inzwischen die Frühlingszwiebeln putzen, waschen und mit dem Grün in feine Ringe schneiden. Die Oliven in kleinen Stückchen oder Streifen vom Stein schneiden. Kapern abtropfen lassen und grob hacken. Essig mit Honig glatt verrühren, mit etwas Salz und Pfeffer würzen und mit 2 EL Olivenöl verrühren. Das Dressing mit den Tomaten, Kapern, Oliven und getrocknetem Oregano mischen und ca. 10 Minuten ziehen lassen.

Währenddessen den Feta trocken tupfen und grob zerbröckeln. Basilikum waschen, trocken schütteln, Blättchen abzupfen und in Streifen schneiden. Etwa zwei Drittel des Fetas und des Basilikums unter die Tomatenmischung heben und mit dem sich inzwischen gebildeten Tomatensaft auf den Dakos verteilen. Mit übrigem Feta und Basilikum bestreuen, restliches Olivenöl darüberträufeln und evtl. nochmal mit Pfeffer übermahlen. Weitere 5–10 Minuten ziehen lassen, bis der Tomatensaft die Dakos leicht angeweicht hat, und dann sofort servieren.

Tipp

Bei „Dakos“ oder „Paximadi“ handelt es sich um Gerstenzwieback in Brötchenform (in zwei Hälften geschnitten), die auf Kreta ein praktisches, einfaches Vorratsessen darstellen. Ein guter Ersatz sind schwedische „Crisprolls“, die aus unterschiedlichen Getreidesorten hergestellt werden.

Frankreich

Brie im Blätterteigmantel

4 PORTIONEN

ZUTATEN

- 3 Zwiebeln
- 2 EL Butter
- 1 Handvoll Cranberrys
- 1 Lage Blätterteig
- (aus dem Kühlregal)
- 2 EL Himbeer-marmelade
- 250 g Brie de Meaux
- 20 g Mandelblättchen
- 1 Eigelb (Größe M)

Den Backofen auf 180 °C (Umluft) vorheizen. Zwiebeln schälen und in sehr feine Ringe schneiden. Butter in einer Pfanne erhitzen, Zwiebelringe hineingeben und so lange anschwitzen, bis sie glasig sind. Cranberrys hinzugeben und die Zwiebeln weiter schwitzen lassen, bis sie einen leichten Braunton angenommen haben.

Blätterteig ausrollen (bei einer rechteckigen Teiglage 1 runde Scheibe ausschneiden). Die Blätterteigscheibe sollte hierbei einen größeren Durchmesser haben als der Brie, da der Teig später über den Käse geklappt wird. Mit Himbeermarmelade dünn bestreichen. Brie de Meaux auf den Blätterteig setzen. Zwiebeln auf den Brie geben und zuletzt die Mandelblättchen über die Zwiebeln streuen. Blätterteig über den Brie klappen, sodass der Käse von allen Seiten in Blätterteig eingeschlagen ist. Die Oberfläche mit Eigelb dünn bestreichen. Backblech mit Backpapier auslegen, das Brie-Blätterteig-Päckchen darauf setzen und im heißen Ofen (Mitte) 30 Minuten backen. Auf einer Platte mit etwas Baguette zum Dippen servieren. Auch Apfelscheiben und getrocknete Aprikosen machen sich wunderbar dazu.

Anchoiade
MIT GEMÜSESTICKS

4 PORTIONEN

ZUTATEN

- 12 Anchovis (in Öl; 2 Gläser à 50 g)
- 3 Knoblauchzehen
- 7 Stängel Petersilie
- 2–3 EL Olivenöl (ggf. etwas mehr, abhängig von der gewünschten Cremigkeit)
- frisch gemahlener Pfeffer

ZUM SERVIEREN

- z. B. Gurke, Staudensellerie, Möhren und Cracker (nach Belieben)

Die Anchovis samt Öl aus dem Glas oder der Dose in eine Schüssel geben. Den Knoblauch schälen und zu den Anchovis pressen. Die Petersilie waschen, trocken schütteln, Blättchen abzupfen, grob hacken und zu den Anchovis geben.

Das Olivenöl und nach Belieben etwas Pfeffer hinzufügen. Alles im Standmixer 15–30 Sekunden zerkleinern oder per Hand in einem Mörser zu einer Paste verarbeiten. Bei beiden Varianten kann man entscheiden, wie fein die Paste werden soll.

Das Gemüse putzen, ggf. schälen, waschen und in Stifte schneiden. Gurken-, Sellerie- oder Möhrensticks zur Anchoviscreme reichen. Auch Scheiben von frischem Baguette oder geröstete Baguettescheiben (Croûtons) passen sehr gut dazu.

Tipp

Die Creme benötigt in der Regel kein Salz mehr, da die Anchovis bereits sehr salzig sind. Im Zweifel ganz behutsam abschmecken.

Französische ZWIEBELSUPPE

3 PORTIONEN

ZUTATEN

- 350 g Schalotten
- 3 Knoblauchzehen
- 3 EL Pflanzenbutter
- 2 TL Speisestärke
- 700 ml Gemüsebrühe
- Salz, Pfeffer
- 100 g Gruyère
- ½ Baguette

AUSSERDEM

- 3 ofenfeste Suppentassen oder Servierschalen

Schalotten schälen und in dünne Ringe schneiden. Knoblauch schälen und 2 Zehen pressen. Die Pflanzenbutter in einem Topf zum Schmelzen bringen. Schalotten und gepressten Knoblauch hinzugeben und umrühren. Den Topfdeckel aufsetzen und die Zwiebeln bei mittlerer Hitze ca. 10 Minuten glasig dünsten. Dann die Zwiebeln mit der Speisestärke bestäuben und diese gut unterrühren. Die Gemüsebrühe und 350 ml Wasser zugeben, nach Belieben mit Salz und Pfeffer würzen und ca. 15 Minuten köcheln lassen. Den Ofen auf 180 °C (Umluft und Grill) vorheizen.

Den Gruyère frisch reiben. Das Baguette in ca. 2 cm dicke Scheiben schneiden, kurz toasten oder im Ofen mitrösten (die Scheiben sollten nicht braun werden) und anschließend mit der übrigen ganzen Knoblauchzehe einreiben.

Die Suppe in ofenfeste Schalen füllen. Die Oberfläche jeweils mit Baguettescheiben bedecken und den geriebenen Käse auf die Baguettescheiben streuen. Im heißen Ofen so lange grillen, bis der Käse geschmolzen und leicht gebräunt ist (ca. 5 Minuten). Nach Geschmack noch etwas Pfeffer über die Suppe mahlen.

Tipp

Am köstlichsten ist es, wenn sich das Brot bereits ein wenig mit der Brühe vollgesogen hat, und man mit einem großen Löffel diese Suppe-Brot-Käse-Mischung schlürft.

Opulente KÄSEPLATTE

4–6 PORTIONEN

ZUTATEN

- » 100 g Käse aus 4–5 unterschiedlichen Käsesorten (z. B. Valençay, Brillat-Savarin, Abondance, Bleu d'Auvergne)
- » 4 getrocknete Feigen (alternativ Feigenbrot)
- » 1 Handvoll helle und dunkle Weintrauben
- » 1 EL Quittengelee (alternativ Feigensenf)
- » Baguette (nach Belieben)
- » Butter (nach Belieben)

Den Käse 20–30 Minuten vor dem Servieren aus dem Kühlschrank nehmen. So entwickeln vor allem die weichen Sorten ihr Aroma, aber der Käse beginnt noch nicht zu schwitzen.

Die Feigen waschen und in Spalten schneiden. Die Weintrauben waschen. Die Käsesorten auf einem Holzbrett mit den Feigenspalten bzw. dem Feigenbrot, den Weintrauben und einer Schale mit dem Quittengelee anrichten. Das Baguette in Scheiben schneiden und mit der Butter zum Käse anbieten.

Beim Anrichten darauf achten, dass sich die Käsesorten nicht berühren. Wenn es die Anzahl der Personen zulässt, sollte aus jeder der 5 französischen Käsefamilien mindestens 1 Sorte gewählt werden. Das ermöglicht Abwechslung und macht Freude beim Probieren. Genossen werden die Sorten dann von mild zu kräftig. Und Achtung: Das Baguette wird zum Käse gegessen. Ein Belegen der Baguettescheiben mit dem Käse wäre ein echter Stilbruch.

Schokoladensoufflé „MON CHÉRI"

6–8 PORTIONEN

ZUTATEN

- 4 Eier (Größe M)
- 80 g Zucker
- Salz
- 200 ml Milch
- 1 EL Butter
- 180 g Zartbitterschokolade (70 % Kakaogehalt)
- 15 g Speisestärke
- 2 EL Kirschwasser (nach Belieben)

AUSSERDEM
- 6–8 Soufflé-Förmchen
- Butter zum Einfetten Backkakao zum Ausstäuben der Förmchen

Die Soufflé-Förmchen mit Butter einfetten und Backkakao durch ein kleines Sieb als dünne Schicht hineinrieseln lassen.

Die Eier trennen. Das Eiweiß steif schlagen und währenddessen den Zucker hineinrieseln lassen sowie 1 Prise Salz hinzufügen. Die Milch in einem Topf erhitzen. Die Butter in die Milch geben und verrühren. Sobald die Butter geschmolzen ist, die Schokolade in Stücke brechen und ebenfalls zur Milch geben. Die Speisestärke durch ein Sieb in die Milch rieseln lassen und alles miteinander verrühren, bis eine glatte Masse entstanden ist. Zuletzt nach Belieben das Kirschwasser hinzugeben. Den Topf vom Herd nehmen. Die Masse darf ruhig ein wenig fest sein und leichte Klümpchen bilden, das gibt sich jedoch im nächsten Arbeitsschritt durch das Hinzufügen von Eigelb und Eiweiß.

Die Eigelbe mit einem Schneebesen kurz aufschlagen und in die Milch-Schokoladenmasse geben. Mit einem Schneebesen oder Holzlöffel gut verrühren.

Das steif geschlagene Eiweiß unter die Schokoladenmasse heben und behutsam vermengen, bis sich eine glatte, cremige Konsistenz ergibt. Die Soufflé-Förmchen je zu ⅔ mit der Masse befüllen und im noch kalten Backofen (Mitte) setzen und 15–20 Minuten bei 180 °C (Umluft) backen.

Kräuter-Madeleines MIT TOMATEN

16 STÜCK

ZUTATEN

- 80 g Mehl
- ½ Pck. Backpulver
- 2 Eier (Größe M)
- 5 EL Olivenöl
- 10 getrocknete Tomaten
- 75 g geriebener Emmentaler
- 1 TL getrockneter Thymian
- 1 EL Honig
- Salz, Pfeffer

AUSSERDEM

- Madeleine-Formen
- Butter für die Formen

Das Mehl und das Backpulver in einer Schüssel miteinander vermengen. Die Eier trennen. Eigelbe zum Mehl geben und gut miteinander vermengen. Eiweiß mit einem Schneebesen schaumig (aber nicht steif) schlagen, zu der Mehlmischung geben und vorsichtig unterrühren. Das Öl hinzugeben, alles mit dem Schneebesen vermengen, bis ein glatter Teig entstanden ist.

Die Tomaten in sehr feine Stücke schneiden. Geriebenen Emmentaler, Tomatenstücke, Thymian, Honig, Salz und Pfeffer zum Teig geben, erneut alles gut vermengen und mit einem Tuch abgedeckt ca. 45 Minuten in den Kühlschrank stellen.

Den Backofen auf 180 °C (Umluft) vorheizen. Die Förmchen gut einfetten. Jede Vertiefung zu ⅔ mit Teig befüllen und im heißen Ofen (Mitte) 15–20 Minuten backen, bis die Madeleines goldbraun sind. Dann vorsichtig aus den Förmchen lösen und die Madeleines entweder noch warm oder abgekühlt servieren. Den Backvorgang für den übrigen Teig wiederholen.

Tipp

In Bezug auf die Zutaten, die für die Madeleines verwendet werden können, ist der Fantasie keine Grenze gesetzt. Hier lässt sich mit unterschiedlichen Käsesorten, Schinken und Salami, Kräutern und Knoblauch spielen.

Tapenade

SCHWARZE OLIVENPASTE

2 PORTIONEN

ZUTATEN

- 100 g schwarze Oliven
- 3 eingelegte Sardellenfilets (in Öl)
- 1 EL eingelegte Kapern (Glas)
- Saft von ½ Zitrone
- 5 EL Olivenöl
- 1 EL gehackte Petersilie (nach Belieben)
- Pfeffer

Die Oliven entsteinen. Die Sardellenfilets kalt abspülen. Beides mit Kapern, Zitronensaft und Olivenöl in einen Standmixer geben und cremig fein pürieren.

Nach Belieben noch etwas Petersilie unterheben. Nicht salzen, nur pfeffern – die Tapenade ist nämlich schon durch die Oliven salzig genug.

Tipp

Die Tapenade schmeckt zum Dippen mit Grissini oder als Aufstrich auf geröstetem Weißbrot.

Artischocken
MIT TRÜFFEL-MAYONNAISE

4 PORTIONEN

ZUTATEN

- 4 Artischocken
- 2 EL Zitronensaft
- 2 Eier (Größe M)
- 1 TL Dijon-Senf
- Salz
- 100 ml Olivenöl
- 2 EL echtes Trüffelöl

Die Artischocken von den trockenen Stielenden befreien, in einen großen Topf geben und mit Wasser zu 2/3 bedecken. 1 EL Zitronensaft in das Wasser geben. Den Topf mit einem Deckel verschließen und das Wasser zum Kochen bringen, dann 45 Minuten köcheln.

Die Eigelbe (sie sollten Raumtemperatur haben) in eine Schüssel geben und mit einem Schneebesen 2 Minuten aufschlagen. Senf, 1/2 TL Salz und 1 EL Zitronensaft hinzugeben und für weitere 2–3 Minuten kräftig schlagen. Nun das Olivenöl in einem dünnen Strahl hineinfließen lassen und dabei weiter schlagen. Dabei beachten, dass Ei und Öl sich homogen miteinander verbinden. Anschließend das Trüffelöl vorsichtig hinzugeben und weiter schlagen, bis die Mayonnaise ganz cremig und glatt ist.

Die Artischocken abgießen und zusammen mit der Trüffel-Mayonnaise und etwas frischem Brot servieren.

Tipp

Beim Essen wird jedes Blatt einzeln abgezupft und mit der Blattwurzel in die Mayonnaise getunkt, das Fruchtfleisch wird mit den Zähnen abgezogen oder abgebissen. So nähert man sich dem Artischockenboden, der mit trockenen „Haaren“ bedeckt ist. Diese werden nicht mitgegessen, sondern mit einem Löffel entfernt. Auch der Stil ist essbar.

Asien

Filipino lumpia
FRÜHLINGSROLLEN

2 PORTIONEN

ZUTATEN

FÜR DIE ROLLEN
- 20 Blätter TK-Frühlingsrollenteig (ca. 15 x 3 x 15 cm)
- 1 TL Speisestärke

FÜR DIE FÜLLUNG
- 2 Knoblauchzehen
- 1 Zwiebel
- 1 Möhre
- 2 Frühlingszwiebeln
- 50 g Weißkohl
- 200 g Schweinehackfleisch
- 1 TL geröstetes Sesamöl
- 1 TL Sojasauce
- 1 TL frisch gemahlener schwarzer Pfeffer
- Salz

AUSSERDEM
- 500 ml Rapsöl zum Frittieren

Für die Rollen den TK-Frühlingsrollenteig bei Zimmertemperatur auftauen lassen. In der Zwischenzeit die Füllung zubereiten. Den Knoblauch schälen, fein hacken oder durchpressen. Die Zwiebel schälen und fein würfeln. Die Möhre schälen, waschen und fein raspeln. Die Frühlingszwiebeln putzen, waschen und in feine Ringe schneiden. Den Weißkohl waschen, in sehr feine Streifen schneiden, dann möglichst klein hacken. Alternativ Zwiebel, Möhre, Frühlingszwiebel und Kohl etwas klein schneiden und im Blitzhacker fein hacken. Gemüse mit Hackfleisch in einer Schale mischen und mit Sesamöl, Sojasauce, Pfeffer und 1 TL Salz würzen. Die Masse mit den Händen gut durchkneten.

Die Stärke mit 1 EL kaltem Wasser verrühren. 2–3 TL der Füllung auf dem unteren Drittel der Teigblätter verteilen und glatt verstreichen, dabei zum Rand ca. 2 cm frei lassen und die Teigränder mit dem Stärkewasser einpinseln. Den Frühlingsrollenteig von unten über die Füllung klappen. Anschließend die Ränder von links und rechts nach innen über die Füllung klappen und etwas andrücken. Dann von unten möglichst fest zu einer Rolle aufrollen.

Das Öl zum Frittieren in einem flachen, weiten Topf oder einer Pfanne mit hohem Rand erhitzen. Es ist heiß genug, wenn an einem hineingehaltenen Holzlöffelstiel sofort kleine Bläschen nach oben steigen. Die Frühlingsrollen portionsweise im Öl in 5–7 Minuten knusprig braun frittieren. Mit dem Schaumlöffel herausheben und auf Küchenpapier abtropfen lassen.

Ofen-Tempeh

ZUTATEN

- 400 g Tempeh
- 1 Knoblauchzehe
- 2 EL Honig oder Ahornsirup
- 4 EL Sojasauce
- 3 EL Weißweinessig
- 4 EL Smokey-Barbecue-Sauce
- 2 EL Bratöl

Tempeh in ca. 1 cm dicke Stifte oder 2–3 cm große Würfel schneiden. Knoblauch schälen und in ein Schälchen pressen. Mit Honig oder Ahornsirup, Sojasauce, Essig, Barbecue-Sauce und Öl verrühren. Marinade in einen Plastikgefrierbeutel gießen, Tempeh zugeben und gründlich darin wenden. Beutel verschließen und im Kühlschrank mindestens 2 Stunden, besser 24 Stunden (über Nacht) marinieren, dabei den Tempeh im Beutel möglichst noch ein- bis dreimal durchmischen, damit er gleichmäßig bedeckt ist. Ofen auf 200 °C Ober-/Unterhitze vorheizen (Umluft 180 °C), Backblech mit Backpapier auslegen, Tempeh aus der Marinade nehmen und abtropfen lassen, die Marinade auffangen. Tempeh auf dem Blech verteilen, im heißen Ofen (Mitte) 25–30 Minuten goldbraun backen, ein- bis zweimal wenden und evtl. erneut mit Marinade bepinseln. Herausnehmen.

Tofu-Koriander-Dip

ZUTATEN

- 1 Bund Koriander
- 3 Stiele Minze
- 1 Knoblauchzehe
- 2 EL Limettensaft
- 400 g Seidentofu
- 6 EL Sonnenblumenöl
- Salz, Pfeffer
- Chilipulver

Das Koriandergrün und die Minze waschen und gut trocken schütteln, die Blättchen abzupfen und grob hacken. Den Knoblauch schälen und grob hacken. Beides mit dem Limettensaft und Tofu in ein hohes Mixgefäß geben. Das Öl darübergießen und alles mit dem Stabmixer auf kleiner Stufe pürieren, dabei den Stab von unten nach oben bewegen, bis eine dickliche Creme entstanden ist. Mit Salz, Pfeffer und 2–3 Msp. Chilipulver würzen.

Tipp

Wer möchte steckt den Tempeh ebenfalls auf Holzstäbchen – so kann er ebenfalls wie die Satéspieße kurz über einer Flamme erwärmt werden.

Furikake arare POPCORN

2 PORTIONEN

ZUTATEN

FÜR DAS POPCORN
- 1 TL Rapsöl
- 90 g Popcornmais
- 3 EL Butter
- 1 TL Sojasauce
- 100 g Arare (japanische Reiscracker; Asien-Laden)

FÜR DIE FURIKAKE-GEWÜRZMISCHUNG
- 3 EL Sesam
- 3 EL schwarzer Sesam
- 2 Nori-Blätter
- 1 TL Zucker
- Salz

Für das Popcorn das Öl in einem kleinen Topf auf mittlerer Stufe erhitzen. Den Popcornmais dazugeben und den Topf sofort mit einem Deckel verschließen. Nach 1–2 Minuten beginnen die Körner aufzupoppen. Den Topf gelegentlich auf dem Herd schwenken, ohne ihn dabei anzuheben. Die Hitze soll nicht unterbrochen werden, um das Aufpoppen nicht zu stören. Wenn keine Poppgeräusche mehr zu hören sind, ist das Popcorn fertig. Das Popcorn in eine große Schüssel umfüllen und abkühlen lassen.

Für die Gewürzmischung weißen und schwarzen Sesam in einer kleinen Pfanne ohne Fett bei mittlerer Hitze rösten, bis er beginnt zu duften und leicht zu bräunen. Die Nori-Blätter in kleine Stücke schneiden. Am einfachsten geht das, indem man sie halbiert und übereinanderlegt. Dann wieder längs halbieren. Den Vorgang noch einmal wiederholen, dann die Nori-Streifen quer mit einer Schere in dünne Streifen schneiden. Sesam, Nori, Zucker und ½ TL Salz in einer Schale miteinander vermischen.

Die Butter in einem kleinen Topf bei mittlerer Hitze zum Schmelzen bringen, dann die Sojasauce einrühren und den Topf vom Herd ziehen. Gewürzmischung und Arare in die Schüssel zum Popcorn geben, gut durchmischen. Die Butter darüberträufeln und mischen, bis alles mit einer dünnen Schicht Butter überzogen ist.

Kokosmilch-PUDDING

2–4 PORTIONEN

ZUTATEN

- Rapsöl
- 120 g Zucker
- 65 g Speisestärke
- 500 ml Kokosmilch
- Salz

AUSSERDEM

- Auflaufform ca. 20 x 20 cm

Die Form mit etwas Öl einreiben. Zucker und Stärke in einer Schüssel gut vermischen. Dann 180 ml lauwarmes Wasser dazugeben und mit dem Schneebesen verrühren, bis Zucker und Stärke vollständig aufgelöst sind, beiseitestellen.

Die Kokosmilch mit 2 Prisen Salz in einem Topf bei mittlerer Hitze zum Kochen bringen. Dabei gelegentlich umrühren, um ein Anbrennen zu vermeiden. Stärkemischung mit dem Schneebesen zügig in die kochende Kokosmilch einrühren. Unter stetigem Rühren aufkochen und 2 Minuten weiterkochen lassen.

Die Puddingmasse in ein Sieb gießen und mithilfe einer Kelle durchstreichen, um Klümpchen zu entfernen. In die Form gießen und sofort mit Frischhaltefolie luftdicht abdecken, damit sich keine Haut bildet. Etwas abkühlen lassen, dann 4–5 Stunden kühl stellen, am besten über Nacht.

Den Kokosmilchpudding aus der Form auf ein Schneidebrett stürzen und anschließend in beliebig große Quadrate schneiden und sofort genießen.

Mango-Quinoa-SOMMERROLLEN

2 PORTIONEN

ZUTATEN

FÜR DIE SOMMERROLLEN
- 100 g Quinoa
- ½ TL Salz
- 1 EL Olivenöl
- 150 g Rotkohl
- 2 Stängel Koriandergrün
- 1 Limette
- 1 EL Sojasauce
- ½ Mango
- ½ Gurke (ca. 200 g)
- 2 Frühlingszwiebeln
- 8 mittelgroße Salatblätter
- 50 g Brokkoli-Sprossen
- 8 Reisblätter (ø 22 cm)

FÜR DEN DIP
- 250 g Magerquark
- 1 Frühlingszwiebel
- 25 g Cashewkerne
- 2 EL Limettensaft
- Salz, Pfeffer

AUSSERDEM
- 1 EL gerösteter Sesam

Die Quinoa in einem Topf mit 200 ml Wasser und dem Salz zum Kochen bringen, dann 12–15 Minuten auf kleiner Flamme köcheln lassen, bis die gesamte Flüssigkeit aufgenommen wurde. Anschließend das Öl unter die Quinoa rühren und vollständig auskühlen lassen.

Für den Dip den Quark in einer Schüssel cremig rühren. Frühlingszwiebel putzen, waschen und fein hacken. Cashewkerne grob hacken. Frühlingszwiebel, Cashewkerne und Limettensaft zum Quark geben und gut verrühren. Den Dip nach Geschmack mit Salz und Pfeffer abschmecken und kalt stellen.

Vom Rotkohl den Strunk entfernen, die Blätter waschen und in feine Streifen schneiden. Koriander waschen, trocken schütteln, Blättchen abzupfen und fein hacken. Beides zusammen mit dem Saft einer halben Limette und der Sojasauce vermischen, dann ziehen lassen. Mango schälen, das Fruchtfleisch vom Stein herunterschneiden und in feine Streifen schneiden. Gurke putzen, waschen und ebenfalls in feine Streifen schneiden.

Frühlingszwiebeln putzen, waschen und in dünne Ringe schneiden. Salatblätter waschen und trocken schleudern. Die Sprossen waschen und abtropfen lassen.

Die Reisblätter nacheinander in einer Schüssel mit lauwarmen Wasser kurz einweichen, dann auf ein feuchtes Küchentuch legen. Jedes Blatt am unteren Drittel gleichmäßig mit Quinoa, Rotkohl, Mango- und Gurkenstreifen, Frühlingszwiebeln, 1 Salatblatt und Brokkoli-Sprossen belegen. Seitenränder des Reisblattes links und rechts einschlagen und mit etwas Druck aufrollen. Mit Sesam bestreuen, halbieren und mit dem Dip servieren.

Samosas

MIT JOGHURT-MINZ-DIP

2–4 PORTIONEN

ZUTATEN

FÜR DIE SAMOSAS
- 50 g festkochende Kartoffeln
- 1 Zwiebel
- 2 Knoblauchzehen
- 2 EL neutrales Pflanzenöl
- 150 g TK-Erbsen
- 1 TL gemahlener Kreuzkümmel
- ½ TL gemahlene Kurkuma
- 1 TL Garam Masala
- Salz, Pfeffer
- 3 Rollen Blätterteig (Fertigprodukt)
- 1 Ei (Größe M)

FÜR DEN JOGHURT-MINZ-DIP
- 1 Bund frische Minze
- 1 grüne Chilischote
- 400 g griechischer Joghurt (10 % Fett)
- 2 TL getrocknete Minze
- Salz, Pfeffer
- 2 TL Limettensaft

Für die Füllung zunächst die Kartoffeln schälen und in 1 x 1 cm große Würfel schneiden. Zwiebel und den Knoblauch schälen und beides fein würfeln. Reichlich Wasser zum Kochen bringen, salzen und die Kartoffelwürfel darin 5–8 Minuten kochen. Sie sollten gar, aber nicht weich sein. Danach abgießen und ausdampfen lassen.

Das Öl in einer Pfanne erhitzen. Die Zwiebel darin glasig dünsten, dann Knoblauch, Kartoffelwürfel und Erbsen hinzugeben und für 2–3 Minuten mitdünsten. Anschließend Gewürze und 50 ml Wasser hinzugeben. Die Füllung noch 3–4 Minuten offen köcheln lassen, dann vom Herd nehmen und vollständig abkühlen lassen. Den Backofen auf 200 °C (Ober-/Unterhitze) vorheizen und zwei mit Backpapier ausgelegte Bleche bereitstellen.

Blätterteig ausrollen und in 12 x 12 cm große Quadrate schneiden. Auf jedes Teigstück 1 EL der Füllung geben, zu einem Dreieck falten und die Ränder mit einer Gabel gut zusammendrücken. Das Ei verquirlen und die Samosas damit bestreichen. Im heißen Ofen (Mitte) 20–25 Minuten backen.

Für den Joghurt-Minz-Dip die Minze waschen, trocken schütteln und Blättchen abzupfen. Die Chilischote waschen, halbieren, die Kerne entfernen und fein hacken. Nun den Joghurt zusammen mit der frischen sowie der getrockneten Minze, der Chilischote und etwas Salz und Pfeffer in eine Schüssel geben und gründlich verrühren. Mit dem Saft der Limette abschmecken und zu den Samosas servieren.

Matcha-KUCHENWÜRFEL

2–4 PORTIONEN

ZUTATEN

- 1 Kastenform (ca. 30 cm Länge)
- 200 g weiche Butter, plus etwas mehr für die Form
- 80 g Zucker
- 1 Pck. Vanillezucker
- 4 Eier (Größe M)
- 1 Bio-Limette
- 2 gestr. TL Backpulver
- 300 g Mehl (Type 405)
- Salz
- 3 EL Milch
- 2 TL Matcha-Pulver

Den Backofen auf 180 °C Ober-/Unterhitze vorheizen (Umluft 160 °C), die Form mit etwas Butter einfetten. Die Butter in Stücke schneiden, in eine Rührschüssel geben und mit den Schneebesen des Handrührgeräts oder der Küchenmaschine cremig-weiß rühren. Dabei nach und nach den Zucker und den Vanillezucker einrühren und so lange weiterrühren, bis eine cremige weiße Masse entstanden ist, und der Zucker sich vollständig aufgelöst hat. Anschließend ein Ei nach dem anderen unterrühren und jeweils so lange rühren, bis es sich gut mit der Buttermasse verbunden hat.

Die Limette heiß waschen, abtrocknen, Schale abreiben und den Saft auspressen. Limettenschale und 4 EL Saft unter die Buttermasse rühren. Backpulver mit Mehl und 1 Prise Salz mischen und zur Butter-Eier-Masse geben. Den Teig möglichst kurz und zügig verrühren.

Milch mit dem Matcha-Pulver verrühren. Ein Drittel des Teiges abnehmen, in die Form füllen. Die Hälfte des übrigen Teiges abnehmen, Matcha-Milch zügig, aber gründlich unterrühren und ebenfalls in die Form geben, darüber das verbliebene ungefärbte Teigdrittel verteilen. Die Teigschichten mit einer Gabel ineinander verzwirbeln, die Oberfläche glatt streichen.

Kuchen im heißen Ofen (Mitte) ca. 1 Stunde backen. Herausnehmen, etwas abkühlen lassen, dann aus der Form auf ein Kuchengitter stürzen und vollständig auskühlen lassen. Den erkalteten Kuchen in 3 cm große Würfel schneiden – idealerweise davor 1 Tag in Alufolie gepackt an einem kühlen Ort ruhen lassen.

Gebackene HÄHNCHENFLÜGEL

2 PORTIONEN

ZUTATEN

FÜR DIE SAUCE
- ½ Zitrone
- 3 Knoblauchzehen
- 180 ml Sojasauce
- 1 EL Sesamöl
- 2 EL Reisessig
- 60 g Zucker
- 2 EL gerösteter Sesam
- 1 TL Chiliflocken

FÜR DAS HÄHNCHEN
- 16 Hähnchenflügel
- 100 g Speisestärke

AUSSERDEM
- 500 ml Rapsöl zum Frittieren

Für die Sauce den Saft der Zitrone auspressen. Den Knoblauch schälen und fein hacken oder durchpressen. Zitronensaft, Knoblauch, Sojasauce, Öl, Essig, Zucker, Sesam und Chili in eine Pfanne geben, verrühren und alles bei starker Hitze aufkochen lassen. Die Sauce noch 2 Minuten weiterköcheln lassen, dann die Pfanne beiseiteziehen.

Für das Fleisch die Hähnchenflügel trocken tupfen. Die Stärke in eine weite Schale geben. Die Flügel in der Stärke wenden, herausnehmen und überschüssige Stärke etwas abschütteln. Das Öl zum Frittieren in einem flachen, weiten Topf oder einer Pfanne mit hohem Rand erhitzen. Es ist heiß genug, wenn an einem hineingehaltenen Holzlöffelstiel sofort kleine Bläschen nach oben steigen. Immer 4–6 Flügel darin in ca. 10 Minuten knusprig braun frittieren, je nachdem, wie viel Platz in der Pfanne ist. Dabei mit dem Schaumlöffel oder einer Küchenzange das Fleisch öfters wenden.

Die Hähnchenflügel herausnehmen, kurz auf Küchenpapier abtropfen lassen, dann in die Sauce geben und rundherum damit benetzen. Anschließend in der Sauce ziehen lassen, bis die nächsten Hähnchenflügel fertig sind, dann auf eine vorgewärmte Platte legen. Mit den restlichen Flügeln auf die gleiche Weise verfahren. Die Hähnchenflügel noch warm servieren.

Register

A

B

C

D

K

L

M

... NOCH MEHR TOLLE BÜCHER!

Je ne RACLETTE rien!

ISBN 978-3-96093-422-6
€ 15,00 (D) / € 15,50 (A)

Voulez-vous FONDUE avec moi?

ISBN 978-3-96093-869-9
€ 15,00 (D) / € 15,50 (A)

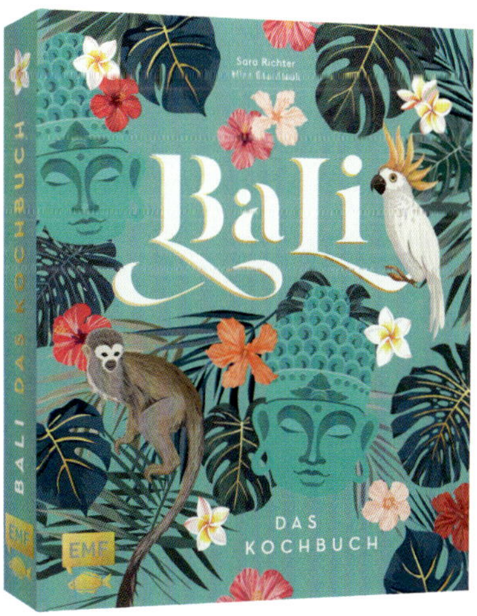

Bali – Das Kochbuch!

ISBN 978-3-96093-860-6
€ 30,00 (D) / € 30,90 (A)

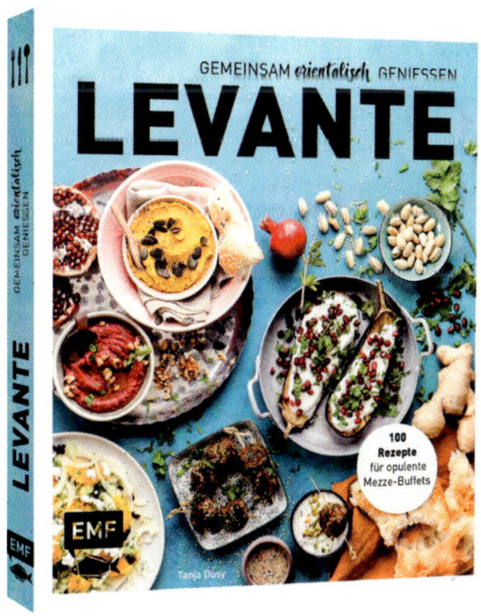

Levante – Gemeinsam orientalisch genießen

ISBN 978-3-96093-306-9
€ 22,00 (D) / € 22,70 (A)

IMPRESSUM

Bibliografische Information der Deutschen Bibliothek.

Die Deutsche Bibliothek verzeichnet diese Publikation in der Deutschen Nationalbibliografie.

Detaillierte bibliografische Daten sind im Internet über http://www.dnb.de/ abrufbar.

EIN BUCH DER EDITION MICHAEL FISCHER

1. Auflage 2021

Cover, Layout & Satz: Silvia Keller

Redaktion & Lektorat: Diana Jedrzejewski

Rezeptnachweis: S. 12, 14, 18, 36, 56, 60, 62, 66, 72, 74, 82, 88, 92, 94, 96, 100, 124, 134: Tanja Dusy; S. 16, 20, 24, 26, 32, 38, 40, 44, 76, 84, 90, 98, 116: Rose Marie Donhauser; S. 22, 80, Tanja Dusy und Inga Pfannebecker; S. 30, 130: Sabrina Sue Daniels; S. 34: Andrea Menichelli; S. 48, 52, 58, 104, 106, 108, 110, 112, 114, 118: Britta Welzer und Svenja Mattner-Shahi; S. 50, 54: Patrick Rosenthal; S. 68, 70, 78, 122, 126, 128, 136: Nico Stanitzok

Bildnachweis: S. 13, 15, 17, 19, 21, 23, 25, 27, 33, 37, 39, 41, 43, 45, 57, 61, 63, 67, 73, 75, 77, 81, 83, 85, 89, 91, 99, 117, 125, 135: Tina Bumann, Stetten; S. 31, 69, 71, 79, 93, 95, 97, 101, 123, 127, 129, 131, 137: Sabrina Sue Daniels, Frankfurt a. M.; S. 35, 49, 53, 59, 105, 107, 109, 111, 113, 115, 119: Britta Welzer und Svenja Mattner-Shahi; S. 51, 55: Patrick Rosenthal, Künzell; S. 133 Janina Lechner, Herrieden

ISBN 978-3-96093-867-5

Gedruckt bei Polygraf Print, Čapajevova 44, 08001 Prešov, Slowakei

www.emf-verlag.de